EDMOND ET JULES DE GONCOURT

IDÉES
ET
SENSATIONS

NOUVELLE ÉDITION

PARIS

G. CHARPENTIER, ÉDITEUR

13, RUE DE GRENELLE-SAINT-GERMAIN, 13

1877

IDÉES

ET

SENSATIONS

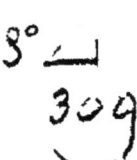

Il a été tiré *vingt-cinq exemplaires* numérotés sur papier de Hollande. Prix de chaque volume. . . . . 10 fr.

OUVRAGES DES MÊMES AUTEURS

PUBLIÉS DANS LA BIBLIOTHÈQUE-CHARPENTIER

à 3 fr. 50 le volume

GERMINIE LACERTEUX. . . . . 1 vol.
MADAME GERVAISAIS. . . . . 1 vol.
RENÉE MAUPERIN. . . . . 1 vol.
MANETTE SALOMON . . . . 1 vol.
CHARLES DEMAILLY. . . . . 1 vol.
SŒUR PHILOMÈNE. . . . . 1 vol.
QUELQUES CRÉATURES DE CE TEMPS. . . 1 vol.

Sous presse :

LA FEMME AU XVIIIe SIÈCLE . . . . 1 vol.

PARIS. — Impr. J. CLAYE. — A. QUANTIN et Cie, rue St-Benoît. [1607]

EDMOND ET JULES DE GONCOURT

IDÉES

ET

SENSATIONS

NOUVELLE ÉDITION

PARIS

G. CHARPENTIER, ÉDITEUR
31, RUE DE GRENELLE-SAINT-GERMAIN, 31

1877

Tous droits réservés

A

GUSTAVE FLAUBERT

IDÉES ET SENSATIONS

Un vieillard était à côté de moi au café Riche. Le garçon, après lui avoir énuméré tous les plats, lui demanda ce qu'il désirait : « Je désirerais, dit le vieillard, je désirerais... avoir un désir. » — C'était la vieillesse, ce vieillard.

Ce que j'aime surtout dans la musique, ce sont les femmes qui l'écoutent. Elles sont là comme devant une pénétrante et divine fascination, dans des immobilités de rêve que chatouille, par instants, l'effleurement d'un frisson. Toutes, en écoutant, prennent la tête d'expression de leur figure : leur physionomie se lève et peu à peu rayonne d'une plus tendre extase. Leurs yeux se mouillent de langueur, se ferment à demi, se perdent de côté, ou montent au plafond chercher le ciel. Des éventails ont, contre les poitrines, un battement pâmé, une palpitation mourante comme l'aile d'un oiseau blessé; d'autres glissent d'une main amollie dans le creux d'une jupe; et d'autres retroussent, avec leurs branches d'ivoire, un vague sourire heureux sur de toutes petites dents blanches. Les bouches détendues, les lèvres doucement entr'ouvertes, semblent aspirer une volupté qui vole. Pas une femme presque n'ose regarder la musique en face. Beaucoup, la tête inclinée sur l'épaule, restent un peu penchées comme sur quelque chose qui leur parlerait à l'oreille; et celles-ci, laissant tomber l'ombre de leur menton sur les fils de perles de leur cou, paraissent écouter au fond d'elles. Par moments, la note douloureusement raclée sur le cœur d'un violoncelle fait tressaillir leur engourdissement ravi ; et des pâleurs d'une seconde, des diaphanéités d'un instant, à peine visibles, passent sur leur peau qui frémit. Suspendues sur le bruit, toutes vibrantes et caressées, elles semblent boire de tout leur corps le chant et l'émotion des instruments... La messe de l'amour, — on dirait que la musique est cela pour la femme.

Parfois je pense qu'il y aura un jour où les peuples auront un Dieu à l'américaine, un

Dieu qui aura été humainement et sur lequel il y aura des témoignages de petits journaux; lequel Dieu aura dans ses églises son image, non plus élastique et au gré de l'imagination des peintres, non plus flottante sur le voile de Véronique, mais un portrait en photographie. Oui, je me figure un Dieu en photographie et qui aura des lunettes. Ce jour-là, la civilisation sera à son comble : il y aura des gondoles à vapeur.

———

Je me rappelais, l'autre nuit, ne dormant pas, une impression de panorama de bataille, impression étrange, profonde, effrayante. C'est comme un orage suspendu, immobile, un tumulte glacé, un chaos muet et mort. Les bombes, éclatant en l'air, ne tombent pas, et demeurent éternellement éclatantes;

sous le jour tamisé et froid, clair et filtré, les cavaliers se précipitent, les fantassins s'élancent, les bras se lèvent, les gestes se convulsionnent, les masses se heurtent, la victoire vole sans un bruit, sans un cri, dans une farouche et sinistre immobilité de violence. On croirait voir en même temps l'apothéose lumineuse de l'Action et le cadavre glacé de la Gloire sur cette toile tendue, dans ce champ de bataille éteint, où il semble qu'on finisse par entendre germer comme le bruit d'une armée d'âmes, et par apercevoir comme un pâle chevauchement d'ombres à l'horizon du trompe-l'œil.

———

Il y a de certains gros maris matériels de jolies femmes qu'on pourrait comparer à ces grossiers Auvergnats des commissaires-priseurs maniant et montrant, sans les casser, les plus belles et les plus délicates choses.

———

Hier j'avais rencontré dans la rue, sur une borne, un petit garçon de dix ans. Il a passé l'autre nuit dehors, il n'a rien mangé de la journée. Il est de M.:. Son père s'est remarié : sa belle-mère le bat. Martineau l'employait à faire du charbon; Martineau est malade et l'a chassé. On l'assied dans la cuisine, devant une assiette et du bœuf. Il dévore un michon de pain. On est forcé de le faire boire pour qu'il n'étouffe pas. Il mange sournoisement, comme la bête, regardant de côté. On lui fait lever les yeux sur lesquels une mauvaise casquette est rabattue : il est borgne, son bon œil a une taie blanche. On lui dit d'aller à la ferme des Rats, que la première année il gardera les oies pour rien, pour sa nourriture, et que l'autre année on le payera. On l'envoie coucher à l'auberge, en lui disant de revenir déjeuner le lendemain.

Ce soir, comme il pleut, je m'en vais fumer sous la Halle; je vois un petit garçon qui s'amuse à jeter en l'air une sale et énorme casquette, une loque, une épave du ruisseau. En me voyant, il se tapit contre un pilier de la Halle, et se gare de moi, en se pelotonnant. Je lui dis : « Mais c'est toi qui es venu souper hier dans la maison, là? » Il ne me répond pas, et continue à faire semblant, tête basse et visière sur les yeux, d'être absorbé dans quelque chose. Enfin il me fait : « Non », d'un ton si vrai que je passe. Je reviens. « Regarde-moi... » Je reconnais ses yeux.

« Pourquoi n'es-tu pas venu déjeuner?
— Je n'y ai pas pensé. »

Il est craintif, replié, déjà dans la posture de l'individu qui a à craindre et à cacher, déjà enveloppé de dénégation, comme si tout autour de lui il flairait une odeur de juge d'instruction. La femme Martineau arrive.

« C'est un menteur, on ne le bat pas chez lui... Ses parents le croient chez nous... Voilà deux jours qu'il est à courir... C'est joli ! Quand tu seras en prison... Allons, va-t'en à M... Je croyais que c'était le commissaire de police qui venait te prendre... » L'enfant reste tapi ; il a pris une attitude de pierre. « Allons, il faut t'en aller... »

Deux enfants de bourgeois de la ville, fleuris, déjà gras, deux petits sots en bouton et en santé, regardent, avec de grands yeux bêtes, le petit misérable, sa casquette dont un morceau de la visière est emportée, sa blouse où un grand morceau au bras pend en triangle, sa cravate, une corde dont les fleurettes semblent des punaises écrasées, son pantalon trop long, roulé en plis autour de ses jambes et mouillé jusqu'au ventre. Il s'est décidé et levé. Arc-bouté du dos à la pierre, dans une pose humiliée et de sourde révolte, plié comme sous une fatalité, sans regarder les regards des enfants ni rien, avec des lenteurs de reptile et des gestes engourdis de résignation, de paresse et de misère, le petit vagabond met ses galoches, et en tire le quartier derrière ses chaussons de lisière; des galoches immenses, comme ces souliers abandonnés au coin d'un chemin de ferme, et où cependant son pied a peine à entrer tant il est humide, tant il a trempé tout le jour dans les mares des rues et les flaques des ornières. « Veux-tu du pain ? lui dis-je encore. As-tu mangé ?

— Non.

— Memère, — dit un des petits jouflus qui le regardent avec la stupeur mêlée de je ne sais quel respect effrayé d'une société qui regarde un forçat, — memère lui a donné du pain et de la viande... »

Peu à peu, le petit malheureux a tiré à lui, avec des mouvements furtifs, la grande casquette avec laquelle il jouait, puis un pantalon de cette couleur qu'ont les choses abandonnées où la boue a sali le soleil, et le soleil brûlé la boue. Il a roulé tout cela sans un mot, en paquet, sous sa blouse qui en est toute bourrée d'un côté. Et le voilà en marche, voûté comme sous la peur des coups, filant vite et pourtant d'un pas inégal, d'une jambe comme boîteuse déjà du boulet, rasant les murs, s'effaçant au coin des rues, allant du côté de la nuit avec l'agilité inquiète du voleur qui ne se retourne pas et dont le dos fuit; silhouette sinistre qui semblait grandir à mesure qu'elle s'effaçait, et montrer, comme dans de la graine de galérien, un avenir de Correctionnelle et de Cour d'assises. Une femme de M... est venue comme il était parti : sa belle-mère, à ce qu'il paraît, le bat. Je suis resté troublé et navré. Mystère sombre que ces mauvais enfants, ces crimes en herbe, ces mômes patibulaires, en qui l'on ne sait quelle part faire à l'individu même, à ses instincts, à ses ressentiments, au contre-coup des coups reçus, à la plaie des duretés de famille; créatures maudites, dont l'aspect jette l'âme dans des rêveries d'abîmes, en qui le mal semble un dessein et une pré-méditation de la Destinée!

Trop suffit quelquefois à la femme.

J'ai remarqué que les malheureux avaient l'égoïsme d'un malade d'hôpital.

Après un habit mal fait, le tact est ce qui nuit le plus dans le monde.

———

Un des plus grands sentiments, la paternité, qu'est-ce? la propriété d'un être animé.

———

Lorsque l'incrédulité devient une foi, elle est moins raisonnable qu'une religion.

———

Les langues gazouillent en s'approchant du soleil.

———

L'anecdote, c'est la boutique à un sou de l'Histoire.

D'homme à femme, peut-être n'y a-t-il de bien vrai et de bien sincère que les sentiments que la parole n'exprime pas.

Les antipathies sont un premier mouvement et une seconde vue.

De grands événements sont confiés souvent à de petits hommes, comme ces diamants que les joailliers de Paris donnent à porter à des gamins.

A mesure qu'on avance dans la vie, l'amour de la société croît en vous avec le mépris des hommes.

———

Il est des femmes dont le charme singulier est fait comme d'une suspension de la vie, d'une interruption de la présence d'esprit, d'absence rêveuse.

———

J'ai mesuré : il faut à la campagne un invité par arpent.

———

Nous sommes le siècle des chefs-d'œuvre de l'irrespect.

———

L'humanité a tout trouvé à l'état sauvage :
les animaux, les fruits, l'amour.

———

L'imagination du *monstre*, de l'animalité chimérique, l'art de peindre les peurs qui s'approchent de l'homme, le jour, avec le féroce et le reptile, la nuit, avec les apparitions troubles; la faculté de figurer et d'incarner ces paniques de la vision et de l'illusion dans des formes et des constructions d'être membrés, articulés, presque viables, — c'est le génie du Japon. Le Japon a créé et vivifié le Bestiaire de l'hallucination. On croirait voir jaillir et s'élancer du cerveau de son art, comme de la caverne du cauchemar, un monde de démons-animaux, une création taillée dans la turgescence de la difformité, des bêtes ayant la torsion et la convulsion de racines de mandragore, l'excroissance des bois noués où le *cinips* a arrêté la séve, des bêtes de confusion et de bâtardise, mélangées de saurien et de mammifère, greffant le crapaud au lion, bouturant le sphinx au cerbère, des bêtes fourmillantes et larveuses, liquides et fluentes, vrillant leur chemin comme le ver de terre, des bêtes crêtées, à la crinière en broussaille, mâchant une boule, avec des yeux ronds au bout d'une tige, des bêtes de vision et d'épouvante, hérissées et menaçantes, flambloyantes dans l'horreur, — dragons et chimères des Apocalypses de là-bas, qui semblent les hippogriffes de l'opium ! Nous, Européens et Français, nous ne sommes pas si riches d'invention : notre art n'a qu'un monstre; et c'est toujours ce monstre du récit de Théramène qui menace, dans les tableaux de M. Ingres, Angélique, avec sa langue en drap rouge. — Là-bas, le monstre est partout. C'est le décor et presque

le mobilier de la maison. Il est la jardinière
et le brûle-parfum. Le potier, le bronzier, le
dessinateur, le brodeur, le sèment autour de
la vie de chacun. Il grimace, les ongles en
colère, jusque sur la robe de chaque saison.
Pour ce monde de femmes pâles aux paupières fardées, le monstre est l'image habituelle, familière, aimée, presque caressante,
comme est pour nous la statuette d'art sur
notre cheminée ; et qui sait si ce peuple
artiste n'a pas là son Idéal?

Un souvenir de mon enfance m'est resté
très-net. Dans une salle d'auberge, un monsieur demanda, devant moi qu'on tenait sur
les genoux, une bouteille de champagne, une
plume et de l'encre. J'ai longtemps pensé
que l'homme de lettres était cela, un mon-

sieur en voyage, écrivant sur une table d'auberge, en buvant du champagne : c'est tout le contraire.

———

Dans la langue de la bourgeoisie, la grandeur des mots est en raison directe de la petitesse des sentiments.

———

Il y a des collections d'objets d'art qui ne montrent ni une passion, ni un goût, ni une intelligence, rien que la victoire brutale de la richesse.

———

Le monde ne pardonne qu'aux supériorités qui ne l'humilient pas.

On voyait dans cette pièce, à la fin, un ballet charmant, un ballet d'ombres couleur de chauve-souris, avec un loup noir sur la figure, agitant de la gaze autour d'elles comme des ailes de nuit. C'était d'une volupté étrange, mystérieuse, silencieuse, ce doux menuet de mortes et d'âmes masquées se nouant et se dénouant dans un rayon de lune. — Quand on brûle de vieilles lettres d'amour, il se lève dans la flamme des souvenirs noircis qui ressemblent à cette ronde.

J'ai eu dans ma famille un type, la fin d'un monde, — un marquis, le fils d'un ministre de l'ancienne monarchie. C'était, quand je l'ai connu, un beau vieillard à cheveux d'argent, rayonnant de linge blanc, ayant la grande politesse galante du gentilhomme, la mine tout à la fois bienveillante et haute, la face d'un Bourbon, la grâce d'un Choiseul, le sourire jeune auprès des femmes. Cet aimable et charmant débris de cour n'avait qu'un défaut : il ne pensait pas. De sa vie, je ne l'ai entendu parler d'une chose qui ne fût pas aussi matérielle que le temps du jour ou le plat du dîner. Il recevait et faisait relier *le Charivari* et *la Mode*. Il pardonnait pourtant au gouvernement qui faisait monter la rente. Il s'enfermait pour faire des comptes avec sa cuisinière : c'était ce qu'il appelait « travailler ». Il avait un prie-Dieu en tapisserie dans sa chambre. Il avait dans son salon des meubles de la Restauration, des fauteuils en soie où était restée comme l'ombre du chapeau de la duchesse d'Angoulême. Il avait une vieille livrée, une vieille voiture et un vieux nègre qu'il avait rapporté des colonies où il avait mené joyeuse vie pendant l'émigration : ce nègre était comme un morceau du dix-huitième siècle et de sa jeunesse à côté de lui. Mon parent avait les préjugés les plus inouïs : il croyait, par exemple, que les gens qui font regarder la lune mettent dans les lorgnettes des choses pour faire mal aux yeux. Il allait à la messe, jeûnait, faisait ses Pâques. A la fin du carême, le maigre l'exaspérait : alors seulement il grondait ses domestiques. Il y avait, dans tout cet homme, quelque chose d'un grand principe tombé en enfance. C'était une bête généreuse, noble, vénérable, une bête de cœur et de race.

Le commerce est l'art d'abuser du désir ou du besoin que quelqu'un a de quelque chose.

Je ne passe jamais à Paris devant un magasin de produits algériens sans me sentir revenir au mois le plus heureux de ma vie, à mes jours d'Alger. Quelle caressante lumière! quelle respiration de sérénité dans ce ciel! Comme ce climat vous baigne dans sa joie et vous nourrit de je ne sais quel savoureux bonheur! Une insensible volupté d'être vous pénètre et vous remplit, et la vie devient comme une poétique jouissance de vivre. Rien de l'Occident ne m'a donné cela; il n'y a que là-bas où j'ai bu cet air de paradis, ce philtre d'oubli magique, ce Léthé de la patrie parisienne qui coule si doucement de toutes choses... Et allant, la boutique passée, je revois, derrière la rue sale de Paris où je marche et que je ne vois plus, quelque ruelle écaillée de chaux vive, son escalier cassé et déchaussé, le serpent noir d'un tronc de figuier tordu par-dessus un mur... Je suis assis dans un café, je revois la cave blanchie, les arceaux, la table où tournent lentement les poissons rouges dans la lueur du bocal, les deux grandes veilleuses endormies avec leurs sursauts de lumières qui sillonnent dans les fonds, une seconde, d'impassibles immobilités d'Arabes. J'entends le bercement nasillard de la musique, je regarde les plis des burnous; lentement le « Bois en paix » de l'Orient me descend de la petite tasse jusqu'à l'âme; j'écoute le plus doux des silences dans ma pensée, et comme un vague chantonnement de mes rêves au loin... Et il me semble, assis sur les boulevards, que mon cigare fait les ronds de fumée de ma pipe sous le plafond du café de la Girafe.

———

Une religion sans surnaturel, — cela m'a fait penser à une annonce que j'ai lue ces années-ci dans les grands journaux : *Vin sans raisin.*

———

La misère ne fait pas les amers désolés. Elle casse un ressort; elle brise l'amertume; elle domestique au lieu de rébellionner.

———

Il y a des fortunes qui crient : Imbécile! à l'honnête homme.

J'ai rarement vu à un amateur l'air amusé par l'art d'une chose. Tous me rappellent toujours un peu celui-là qui passait sa vie à étudier des dessins; il n'en avait jamais vu un : il ne regardait que les marques.

Qu'est-ce que la vie? L'usufruit d'une agrégation de molécules.

Tous les observateurs sont tristes, et doivent l'être. Ils regardent vivre. Ils ne sont pas des acteurs, mais des témoins de la vie. De tout, ils ne prennent rien de ce qui trompe ou de ce qui grise. Leur état normal est la sérénité mélancolique.

Certains mots d'une méchanceté sublime sont donnés à des femmes sans intelligence : la vipère a la tête plate.

Dans les dîners d'hommes, il y a une tendance à parler de l'immortalité de l'âme au dessert.

C'est une curieuse chose que la spécialité d'aptitude, chez les femmes, dans le travail du goût. Sur trois jeunes filles, sorties du même milieu et entrant dans un magasin de modes, l'une fera d'instinct et toujours la mode *fille,* l'autre la mode *femme honnête,* l'autre la mode *province.*

La nature, pour moi, est ennemie ; la campagne me semble mortuaire. Cette terre verte me paraît un grand cimetière qui attend. Cette herbe paît l'homme. Ces arbres poussent et verdissent de ce qui meurt. Ce soleil qui luit si clair, impassible et pacifique, est le grand pourrisseur. Arbres, ciel, eau, tout cela me fait l'effet d'une concession à vie dont le jardinier renouvellerait un peu les fleurs au printemps, et où il aurait mis un petit bassin avec des poissons rouges.

———

Il y a de gros et lourds hommes d'État, des gens à souliers carrés, à manières rustaudes, tachés de petite vérole, grosse race, qu'on pourrait appeler les *percherons* de la politique.

———

J'avais été demander un renseignement sur Théroigne de Méricourt aux Petits-Ménages. Six rangées de marronniers, et, sous l'ombre sans gaieté de leurs feuilles larges, quatre rangées de bancs de pierre. A droite, de petits jardins avec de petites tonnelles à demi effondrées et de petites allées à cailloux jaunes, tristes comme des jardinets d'invalides. A gauche, une allée; et sur les bancs qui touchent à l'allée et qui sont sur le bord du soleil, des têtes à l'ombre et des dos ronds faisant le gros dos, que la chaleur frotte, que le rayon gratte. Sous ces arbres, un monde; mais un monde qui remue et bruit à peine, un monde qui se traîne, ou demeure, la tête baissée sur la poitrine, les mains prenant appui sur les nœuds des genoux; un bourdonnement fêlé, des lèvres blanches versant, dans la conque cireuse des oreilles, des idées en enfance, des marmottages et des radotages du passé qui hante ces vieilles cervelles comme un revenant; des paroles édentées, étoupées, bavées entre deux gencives. Les oiseaux jouent, confiants, sans peur, s'approchant tout près, entre ces jambes qui ne courront plus. Il y a de vieilles petites créatures séchées et ratatinées, empaquetées dans un étoffement carré de laine, les plis de leurs

jupes comme de gros tuyaux d'orgue écrasés,
l'os maigre de leur jambe à la grosse cheville
perdu dans le bas bleu tombant sur la galoche. On voit passer des figures de buis
balayées des flasques barbes d'un bonnet de
nuit, le châle dépassant la camisole ; des
caricatures lentes, appuyant leur pas qui
tremble, de la béquille d'un vieux parapluie.
D'autres, avec un grand abat-jour sur leur
bonnet, sont abîmées dans un pliant; celles-là affaissées, trois par trois, sur un banc,
s'épaulent entre elles. Une est seule, la tête
raide et de côté, un nez de vautour, trois
grandes taches noires par le nez et la face,
comme des coups d'ongle de la mort, l'œil
clair, le regard torve, deux bouts de ruban
jaune pendant des deux côtés à son bonnet;
une face implacable et sourde. Et toute grande
et toute droite, osseuse et solide, les maigres
et dures phalanges des mains nouées autour
d'une jambe croisée par-dessus l'autre, elle

paraît rouler en elle une de ces consciences
césariennes de vieille femme qui repassent
muettement dans une mémoire de marbre
une vie fauve et des jours rouges.

J'étais à Venise. Je vis des couleurs, des
couleurs, des couleurs... des masques! masques allant, masques venant, masques courant, masques sautant, masques galopant,
masques gambadant, masques frétillant,
masques allègres, alertes, prestes, tout le
corps déchaîné, gracieusé, saluant la joie;
masques, masques, masques... un arc-en-ciel
en vif-argent!

Dans toutes les bouches sonnait l'incessant
appel : *hou! hou!* Sur le pavé, le tapage de
soie de tous les souliers de satin, de tous vos
zoccoli, masques de la vieille Venise! chantait

une éternelle chanson. Voilà que, pêle-mêle et se heurtant, passaient devant moi les collants à bandes multicolores moulant dans leur étau splendide les fines jambes des jeunes nobles, les colliers de perles des mariées d'un an, les aiguillettes aux ferrets d'or sonnant aux épaules des compagnons de la *Calza*, les *bavaro* en toile de Courtrai d'où sortaient les épaules, les pectoraux d'or entr'ouverts en carré sur les seins opulents des patriciennes, les *zindado* voletant sur les chevelures, les jupes de velours marron, à retroussis de soie gorge-de-pigeon, relevées par derrière les têtes en un nimbe aux mille plis, les couronnes de lis d'argent tremblant dans les chevelures des épouses, les *zimara* flottantes, les robes collant aux formes et accusant le nombril, les chutes de plis théâtrales et grandioses, les brocarts amples, royalement drapés... Passaient les *innamorati*, sveltes dans leur pourpoint de velours blanc, constelle de croix, déchiré de crevés de sang, lesquels tenaient une rose à la main; passaient les vierges de Venise, voilées et dérobées dans une nuée jalouse de soie noire, d'où ne s'échappaient que deux doigts d'une gorge naissante, plus rose que la rose des *innamorati*.....

Et puis le carnaval allait sur l'eau.

Il y avait des gondoles, des gondoles, des gondoles, du monde, du monde, du monde; tant de gondoles et tant de monde que l'eau ne voyait plus le ciel. A peine si, par-ci, par-là, une couleur, un éclair, trouvait un petit coin d'onde, grand comme un petit morceau de miroir cassé, pour y danser sur un pied.

A la proue de toutes les gondoles, assise, une femme nue et coiffée de nénuphars, penchée sur les rênes, conduisait avec un roseau vert des chevaux marins qui battaient l'eau de leur queue de poisson et de leurs paturons en nageoires. Autour, des dauphins vivants et dorés se jouaient. Toutes les gondoles avaient des formes de coquille. Elles étaient sculptées et peintes, et triomphalement enguirlandées de fleurs. Leurs flancs portaient, dans des couronnes de lierre, des mascarons admirables : c'était Romagnesi avec son masque de faune et sa barbe en queue de vache; c'était Jareton, qui inventa Pierrot; c'étaient Luigi Riccoboni, Giuseppe Balleti et Thomaso Visentini; c'était Ermand en Sganarelle; c'était Giacomo Ranzini; c'était Crépin l'Étonné; c'était Angelo Constantini; c'était Dangeville père en niais; c'étaient Gherardi le Flautin, et Pietro Albogheti, et Giovanni Bissoni; c'était Quinson en serre-tête blanc; c'était Duchemin père, et son chapeau enrubanné et fleuri; c'était le grand Dominique, — et Carlin, — et Lélio, — et Sylvia !

Dans les gondoles, il y avait toutes les livrées du Rire, et toutes les robes de la Folie :

la garde-robe de Momus, pillée à Bergame, comme elle revenait d'Atelles!

Il y avait Fricasso et Fracasso. Il y avait Coviello qui gambadait comme un ægipan. Il y avait la signora Fracisquina qui faisait les cornes à trois Cassandres. Il y avait Brighella se sauvant devant Spezzafer qui voulait le tuer encore une fois. Il y avait des bohémiennes qui disaient l'avenir à l'Amour, et des Colombines qui demandaient l'Amour à l'avenir. Il y avait de vieux Trastullo qui baisaient, en extase, la pantoufle des Lucia. Il y avait des médecins grotesques chantant *Signor monsu*, des Marameo, la seringue en joue, des capitaines Cardoni poursuivis par des armées de matassins. Il y avait des Égyptiens vêtus en Maures et portant des singes. Il y avait Zerbinette; il y avait Violetta, aux pieds de laquelle roucoulait, avec son chapeau en plat à barbe, ses longs cheveux, son long rabat, et sa chemise passant au défaut du pourpoint, le beau Narcissin de Malalbergo. Il y avait des Biscayens dansant, des capitaines Cocodrillo dansant, des Cucurucu et des Cucurogna dansant, des Poitevins et des Poitevines dansant et chantant. Il y avait des femmes en robe turque, et des femmes avec un masque à moustaches, un chapeau pointu, un goître de mousseline tombant du masque jusqu'au sein. Il y avait des Tartaglia, face jeune, rose et fleurie, bésicles sur le nez, qui bredouillaient, nasillaient et embrouillaient d'impossibles histoires. Il y avait des muftis et des trivelins, des dervis, et des lutins faisant le saut périlleux. Il y avait les trois masques basanés : Fenocchio, Fiqueto, et Scapin qui, les cheveux frisés, la moustache de chat effarouché, le manteau roulé autour du bras droit, une odeur de potence par toute sa personne, et l'œil noir comme sa conscience, offrait, avec une courtoisie gouailleuse, ses loyaux services au galant chevalier Zerbino. Gian-Fritello était fier dans son sac. Gian-Farina montrait un menuet de diable à Franca-Trippa. Autour de Beltrame, chassé de Milan, et contant ses affaires d'honneur avec la justice, béaient tous les Gradelins, Tracagnins et Truffaldins du monde.

Il y avait dans les gondoles des clavecins, des refrains, des violes d'amour, des paroles à l'oreille, des théorbes et d'amoureux murmures. Il y avait des lazzis, des rires, des bouquets, des baisers, des billets et des plumets dans l'air. Il y avait, dans les gondoles, des tables, des cartes, des dés, des jeux de stofe, de lansquenet, de piquet, de berlan, de petits-paquets. Les deux frères Arlequin, l'aîné avec sa toque à crevés, son masque noir à barbe de roi ninivite, le cadet avec sa petite queue de lièvre à son petit chapeau, et des verrues noires à son masque noir, chacun un bras sur l'épaule de l'autre, posés tous

4

deux sur la pointe du pied droit, jouaient, à un pharaon tenu par la Farce, leurs deux battes contre un coup de pied.

Il y avait des *intartinamenti*, des charlatans à chaînes d'or, des saltimbanques cravatés de serpents savants, des montreurs d'ours et de ridicules, des parades et des parodies, où Bernis parlait de Dieu, et Casanova de l'amour platonique !

Puis il y avait des triomphes de Pulcinelle, droit comme son feutre, noble malgré son nez rouge et son petit ventre pointu, brandissant son sabre de bois, à cheval, plus fier qu'un Balbus, sur un Pulcinelle en travers porté par deux Pulcinelles. Et puis des Razulto chantant des Olympiques en grattant trois ficelles d'une guitare dont le manche plus long qu'un poëme accrochait sur la route les cheminées en mortier. Et puis des Pantalons en bonnet de laine, en gilet rouge, en culotte coupée en caleçon, en bas

rouges et en pantoufles, qui, le pied en avant,
la barbe pointue et menaçante, la grande
robe noire relevée d'un bras replié contre
le dos, énuméraient au public les vertus de
leurs filles sans dot. Et de Bologne étaient
venus mille docteurs, masqués d'une tache
de vin du front au menton, lesquels conso-
laient en trois points les cocus effarés.

Et puis des Mezzetins aux draperies zé-
brées et volantes, et puis des Pierrots tom-
bés de la lune, et puis des Scaramouches
dont les deux plumes de coq balayaient les
étoiles...

Puis des tricornes, et des tricornes ; des tricornes coquins, coquets, crânes et char-
mants. Les hommes avaient des tricornes, et
les femmes des tricornes inclinés sur le front
qui mettaient sur leur masque blanc l'ombre
du vol d'une hirondelle. Blancs étaient tous
les masques. Blancs étaient les masques des
hommes, avec le bord des paupières teinté

de rose; blanche était la *baüte* des femmes avec le bord des paupières teinté de rose, de grosses lèvres peintes en rose, et le carton des joues un peu fardé. Les hommes en fins bas de soie, en talons rouges, le domino noir retroussé, penchés et pliés en de moqueuses révérences, provoquant les *donne* sous le nez, offraient leur cœur dans un éclat de rire, ironiques du haut en bas de l'échine. Les *donne*, la tête en arrière et de profil intriguant la cantonade, muettes et superbes, riaient dans la barbe de leur masque, ballonnaient de la jupe, battaient la mesure d'un vieil air avec leur mule cachée sous les falbalas, jouaient avec le cri de leur éventail, et laissaient, à travers leur camail de dentelle, la blancheur de leur chair sauter aux yeux des galants.

Un beau jeune homme — je le vois encore — oh! le Janus étrange et charmant! Il avait rejeté son masque contre son oreille, et montrait côte à côte le profil d'un satyre, la face d'un Apollon.

Cependant, auprès de lui, d'autres *paroncini* faisaient de grands jeux : ils attrapaient des mouches sur le nez immense du noble homme de Calabre Giangurgolo, et des araignées sur la rapière interminable du capitan Spavento.

Mon œil sautait de gondoles en gondoles. Il arriva à la première, à la gondole que toutes les gondoles suivaient : elle portait une bière sous un drap blanc, — et un essaim d'Amours ! Amours qui, s'appuyant des deux mains derrière eux, glissant avec les reins le long de la gondole, les ailes frissonnantes, lutinaient d'un seul pied les caresses de l'eau ; Amours qui, le cul nu posé sur un talon, joignaient leurs mains nouées à leurs genoux ; Amours qui regardaient au ciel un nuage aller ; Amours, roulés par terre, tenant d'un bras le bout de leur gentil pied

rose, un pli de graisse au ventre, un pli sous
le jarret; Amours, les bras croisés comme de
petits hommes, ou le menton aux mains et
les doigts aux deux joues, écoutant quelque
chose; Amours qui, sur leur arc passé sous
une cuisse, balançaient une jambe allante et
revenante; Amours agenouillés, posés sur
leurs deux coudes, attentifs à traîner sur la
face de l'onde les grands cordons du poêle;
Amours, les frisons de leurs petits cheveux
au vent, au vent leur ventre blanc, debout
et droits sur leurs mollets tremblants;
Amours, le dos au soleil, couchés et vautrés,
et la joue écrasée, qui s'amusaient avec des
immortelles d'or; Amours jouant à cache-
cache, en se cachant un peu dans les coins
du drap blanc; Amours accoudés sur la bière,
sur leur bras replié couchant leur face
blonde, et dormant sur la Mort! — tandis
qu'aux deux bouts de la gondole, quatre
Amours, leurs carquois renversés au dos,

laissaient distraitement tomber la baguette sur la peau d'âne voilée de crêpe des hauts tambours des armées de Louis XIII.

Un homme — je ne l'avais pas vu d'abord — était perché sur le rostre de la gondole. C'était le peintre Longhi, mon ami, qui raclait un violon d'ébène; un singulier violon! d'où s'échappaient, à chaque coup d'archet, deux notes accouplées et qui montaient dans le ciel en se donnant la main : une note rose, une note noire...

Et l'air blutait, comme de la farine, mille petits morceaux de papier blanc qui tombaient des toits, des fenêtres, du ciel, de partout. Au vol, j'en attrapai un, sur lequel était :

GRAND ENTERREMENT

DE WATTEAU

PAR LE CARNAVAL DE VENISE

AUX DÉPENS DE LA SÉRÉNISSIME RÉPUBLIQUE.

Et il neigeait tant de ces papiers que je ne voyais plus rien.

Que d'heures aux *Uffizi*, à regarder les Primitifs! à regarder ces femmes, ces longs cous, ces fronts bombés d'innocence, ces yeux cernés de bistre, longuement et étroitement fendus, ces regards d'ange et de serpent coulant sous les paupières baissées, ces petits traits de tourment et de maigreur, ces minceurs pointues du menton, ce roux ardent des cheveux où le pinceau effile des lumières d'or, ces pâles couleurs de teints fleuris à l'ombre, ces demi-teintes doucement ombrées de vert et comme baignées d'une transparence d'eau, ces mains fluettes et douloureuses où jouent des lumières de cire, tout ce musée de virginales physionomies maladives qui montre, sous la naïveté d'un art, la Nativité d'une Grâce! S'abreuver de ces sourires, de ces regards, de ces langueurs, de ces couleurs pieuses et faites pour peindre de l'idéal, c'est un charme qui vous reprend tous les jours et qui vous ramène devant ces robes bleues ou roses, des robes de ciel. Les grandes et parfaites peintures, les chefs-d'œuvre mûrs n'enfoncent pas en vous un si profond souvenir de figures : seules, ces femmes peintes des Primitifs s'attachent à vous comme la vivante mémoire d'êtres rencontrés dans la vie; elles vous reviennent comme une tête de morte que vous auriez vue, éclairée et dorée, au matin, par la flamme mourante d'un cierge.

Raphaël a créé le type classique de la Vierge par la perfection de la beauté vulgaire; par le contraire absolu de la beauté que le Vinci chercha dans l'exquisité du type et la rareté de l'expression. Il lui a attribué un caractère de sérénité tout humaine, une espèce de beauté ronde, une santé presque junonienne. Ses vierges sont des mères mûres et bien portantes, des épouses de saint Joseph. Ce qu'elles réalisent, c'est le programme que le gros public des fidèles se fait de la Mère de Dieu. Par là, elles resteront éternellement populaires : elles demeureront, de la Vierge catholique, la représentation la plus claire, la plus générale, la plus accessible, la plus bourgeoisement hiératique, la mieux appropriée au goût d'art de la piété. La *Vierge à la chaise* sera toujours l'*académie* de la divinité de la femme.

Dans les tableaux italiens, l'écartement des yeux dans les têtes marque l'âge de la peinture. De Cimabué à la Renaissance, les yeux vont, de maître en maître, en s'éloignant du nez, quittent le caractère du rapprochement byzantin, regagnent les tempes, et finissent par revenir, chez le Corrége et chez André del Sarte, à la place où les plaçaient l'Art et la Beauté antiques.

Les monuments fameux et grands dans la mémoire humaine font, à les voir, l'impression des lieux de son enfance qu'on revoit : votre rêve les trouve rapetissés.

L'Italie a la mélancolie d'une terre du passé. Ses hommes, ses femmes, ses monuments, ses paysages, ont des lignes anciennes d'histoire. Les choses vous y regardent comme du lointain d'un souvenir. Tout ce qu'on y voit de vivant a l'air d'avoir déjà vécu. Et çà et là, de beaux grands yeux, éclairés par la *malaria,* ressemblent à ces lacs où confusément, tout au fond, s'aperçoivent des ombres de villes mortes.

... Une ville murée. Des hommes en capote bleue m'entre-bâillèrent, dans le mur, une petite porte verte. Une rue s'ouvrit. Les façades, les seuils, jusqu'aux escaliers de bois qu'on voyait dans les fonds des chambres, étaient souffletés, comme à la main, de chaux vive. Sous les balcons carrés, en pleine maçonnerie, des portes, cintrées de jaune, béaient, montrant dans une ombre pleine d'un jour errant des créatures affaissées, les bras et les jambes déliés, les pieds dévallés sur de larges braseros de vieux cuivre; et d'autres renversées sur des chaises, en des paresses repues; et d'autres tressant leurs cheveux gras devant un morceau de miroir. A ma droite était un long mur d'où se levaient, un à un, de petits arbres après lesquels frissonnait un peu de verdure. Un seul dessin sur tout ce mur, un charbonnage informe montrait partout le duel de deux hommes au sabre. Il n'y avait dans la rue ni allants, ni venants, ni passants, ni un chant, ni une chanson, ni un oiseau, ni un enfant. De petits chiens jaunes se poursuivaient dans les ruisseaux sans japper. Des groupes étaient çà et là, ramassés et gesticulant, comme en un quartier de folles. Et je regardais, avec une sorte de peur, ces poitrines flétries où croisait un fichu blanc, ces talons traînant sur le pavé des galoches boiteuses, ces volants de vieille indienne ramassant des poussières, ces rudes chignons roulés derrière la tête et coulant sur la nuque, ces teints usés et noirs, ces faces cireuses et abruties, où brûlaient des regards noirs, des yeux ivres... Cette ville dans une ville, c'est la *Porta Capuana* — le quartier épouvantant de la prostitution napolitaine.

Un paysage d'opéra, de féerie, une forêt pour un duo d'amour, un bois de volupté et de triomphe : les feuilles semblent, sur le bleu du ciel, se dessiner immortellement vertes et glorieuses comme les feuilles d'une couronne de poëte. Un jour lustré saute dans les branches, un bourdonnement de verger chante dans les arbres ; par terre il neige des parfums. La fête d'une éternelle saison de bonheur palpite dans les orangers, pleins de fleurs et de fruits, cachant dans des boutons d'argent l'or rond d'une orange : de grands bœufs roux, passant sous la verdure, emportent sur leur croupe comme la pluie blanche d'un bouquet de mariée. Une langueur de paresse, une poésie de *far niente* se lève dans les senteurs pâmées de ces jardins d'Armide... Sorrente, c'est le Tasse, — comme Baïes là-bas, la côte de cendres, de cavernes et de terreurs, c'est Tacite.

A la salle du Vaux-Hall, rue de la Douane, à un assaut donné par Vigneron, qui annonce le « *Désespoir des bras tendus* ». Un rendez-vous de la force moderne, depuis l'athlète de la lutte à main plate et l'Hercule du Nord, jusqu'au gymnaste de « l'adresse française »;

tous les types : les forts de la Halle apoplectiques, à la chemise sans cravate, à la courte blouse relevant et ouverte; les marchands de vin à nuque de taureau; les maigres petits savatiers pâlots, à mine de femme, le cou et les bras nus dans des gilets de flanelle rose; les souples tireurs de canne à tête de chat; les jolis éreintés de barrière, un bouquet de violettes à la boutonnière, ramenant leur avant-bras pour faire palper à leurs voisins, sur le drap de leur manche, le « *sac de pommes de terre* » de leur biceps ; les maîtres d'armes de régiment, une redingote passée sur leur veste de salle, la tenue martiale et académique, le front évasé, les yeux enfoncés, un petit bout de nez relevé et le visage en as de pique. A côté de ces hommes, deux genres de femmes : la vieille teneuse de gargot et de basse table d'hôte, et la petite fille du peuple, toute jeunette, au bonnet noir à rubans feu, à laquelle son amant, le gros homme élastique qui vient de tirer le sabre, redemande son mouchoir où les sous sont noués dans un coin.

C'est un grand avénement de la Bourgeoisie que Molière, une grande déclaration de l'âme du tiers état. C'est l'inauguration du bon sens et de la raison pratique, la fin de toute chevalerie et de toute haute poésie en toutes choses. La femme, l'amour, toutes les folies nobles, galantes, y sont ramenées à la mesure étroite du ménage et de la dot. Tout ce qui est élan et de premier mouvement y est averti et corrigé. Corneille est le dernier héraut de la noblesse; Molière est le premier poëte des bourgeois.

Il y a eu du grand dans le dix-huitième siècle, mais on ne veut pas le voir. On masque avec Brimborion les écuries de Chantilly.

Les grands plaisirs du peuple sont les joies collectives. A mesure que l'individu sort du peuple et s'en distingue, il a un plus grand besoin de plaisirs personnels et faits pour lui tout seul. Pourtant, en vaguant ce soir dans une fête aux Champs-Élysées, je remarque dans la foule une sorte de processionnement passif; pas de gaieté, pas de bruit, pas de tumulte. Le tabac, ce stupéfiant, la bière, cette boisson d'engourdissement, finiraient-ils par endormir, dans les veines de la France, le sang du bourgogne?

Le bouleversement du monde apparut, après la Révolution de 1848, sur le Pont des Arts, à un bourgeois. Ce bourgeois vit le chien d'un aveugle mordre son maître : il courut vendre ses rentes.

On ne trouve pas un homme qui voudrait revivre sa vie. A peine trouve-t-on une femme qui voudrait revivre ses dix-huit ans. Cela juge la vie.

Ni la vertu, ni l'honneur, ni la pureté, ne peuvent empêcher une femme d'être femme, d'avoir les caprices et les tentations de son sexe.

Une des plus grandes révolutions contemporaines est celle du rire. Le rire était autrefois un Roger Bontemps : aujourd'hui c'est un aliéné. Le comique de ces années-ci est véritablement un des modes de l'épilepsie; dans son insanité nerveuse, il y a de la danse de Saint-Guy et de *l'Odryana* d'agités : c'est Bicêtre arrachant l'hilarité au public avec le sabre de Bobêche.

Sur le registre des massacres de Septembre : « Jugé par le peuple et mis en liber... » *liber* est effacé, et à la place, en surcharge, on lit : « *en mort...* » — Il y a de ces tragiques ratures dans les destinées.

Poé — un Hoffman-Barnum.

———

Il est peu de douleurs, si grandes qu'elles soient, qui ne soient que douleur; et j'ai vu peu de larmes, derrière les morts, qui ne fussent salies d'un intérêt ou d'une vanité.

———

On ne fait pas les livres qu'on veut. Il y a une fatalité dans le premier hasard qui vous en dicte l'idée. Il y a une force inconnue, une volonté supérieure, une sorte de nécessité d'écrire, qui vous commandent l'œuvre et vous mènent la plume; si bien que quelquefois le livre qui vous sort des mains ne vous semble pas sorti de vous-même : il vous étonne comme quelque chose qui était en vous et dont vous n'aviez pas conscience.

Des morts soudaines de jeunes filles font penser à des assassinats de la Mort.

Rien n'est moins poétique que la nature et que les choses naturelles. La naissance, la vie, la mort, ces trois accidents de l'être, sont des opérations chimiques. Le mouvement animal du monde est une décomposition et une recomposition de fumier. C'est l'homme qui a mis, sur toute cette misère et ce cynisme de matière, le voile, l'image, le symbole, la spiritualité ennoblissante.

Un Anglais à table d'hôte est toujours mieux servi qu'un Français. Cela tient à ce que l'Anglais ne regarde jamais le garçon qui le sert comme un homme, et que tout inférieur qui se sent regardé comme un être humain méprise celui qui le regarde ainsi.

Le je ne sais quoi que fait ce siècle-ci avec des ruines, et qui sera demain, est bien annoncé par la nouvelle histoire. Plus de couronnes de lauriers, plus de manteau royal, plus de perruque, plus même de chemise : rois et reines passent au conseil de révision. Le spéculum de la Critique a remplacé le burin de la Muse. L'Histoire, la grande Histoire, c'est aujourd'hui le *Médecin des urines* du peintre hollandais.

Apprendre à voir est le plus long apprentissage de tous les arts.

J'arrive à la mairie dans une de ces voitures de noces, banal carrosse de gala, où l'on cherche par terre, machinalement, un bouton de chemise de marié trop gros, et des pétales de fleurs d'oranger d'un bouquet de mariée. Il y a, dans ces voitures, une odeur de fête, de compliments, de jours endimanchés. Les mariés ne sont pas arrivés. J'attends sous le péristyle de la mairie. Passe une lorette, riante et bouffant de la jupe, les yeux de son métier sous le voile qui joue sur le rose de son teint, une torsade d'or dans les cheveux, comme si elle les avait liés avec sa ceinture : elle sent le musc, le désir et la nuit. La vie, Paris surtout, a de ces coudoiements et de ces antithèses. Sous la salle où on se marie, c'est la justice de paix; et celle-ci y va sans doute pour quelque démêlé avec son tapissier. Elle y entre en jetant sur la porte à ma cravate blanche, qu'elle prend pour la cravate du marié, le sourire d'adieu du libre amour : c'est le Plaisir, la Beauté, la Grâce d'orgie, l'Élégance, le Désordre, la Dette. Et voici le contraire qui descend de voiture : la Dot, le Ménage, l'Économie, la Famille, l'Épouse.

Le mariage civil est une cérémonie où la Loi ne met juste que le cœur du Code.

Boccace dit quelque part être en adoration devant la couverture d'un Homère qu'il a dans sa bibliothèque. Il est en extase devant le dos et le nom du volume. — Les religions littéraires ressemblent aux religions. Il y a chez presque tous les hommes un respect admiratif pour le Beau qui ne leur parle pas leur langue.

Paul et Virginie, — la première communion du désir.

La vengeance du pauvre contre le riche : ce sont ses filles.

Pour haïr vraiment la nature, il faut préférer naturellement les tableaux aux paysages, et les confitures aux fruits.

Il est de si petits historiens de grandes choses qu'ils font penser à ces huîtres qui attestent un déluge.

On s'étonne, en lisant l'Histoire Auguste, que les notions du bien, du mal, du juste et de l'injuste aient pu survivre aux Césars, et que les empereurs romains n'aient pas tué la conscience humaine.

Louis XIV, véritable et prodigieuse incarnation de la Royauté. C'est de lui-même qu'il en tire l'image. Il fixe le personnage royal comme un grand acteur fixe un type de théâtre.

Le rire est le son de l'esprit : de certains rires sonnent bête, comme une pièce sonne faux.

———

Les mères ne connaissent pas les petites pudeurs. Elles sont, pour cela, comme les saintes et les religieuses, au-dessus de la femme. Une mère est tombée un matin chez moi me demander où était son fils, me disant qu'elle irait le chercher n'importe où.

———

Rien d'inespéré n'arrive. On est obligé de solliciter pour être officier dans la garde nationale. Et je n'ai eu qu'une aventure dans ma vie : je regardais, sur les bras de ma nourrice, un joujou; un monsieur me l'a acheté. Ce monsieur-là ne passe qu'une fois.

L'ennui est peut-être un privilége. Les imbéciles ne se sentent pas s'ennuyer. Peut-être même qu'ils ne s'ennuient pas. Une révolution tous les quinze ans leur suffi pour se distraire.

La séduction d'une œuvre d'art est presque toujours en nous-même, et comme dans l'humeur du moment de notre œil. Et qui sait si toutes nos impressions des choses extérieures ne viennent pas, non de ces choses, mais de nous ? Il y a des jours de soleil qui semblent gris à l'âme, et des ciels gris que l'on se rappelle comme les plus gais du monde. La bonté du vin, c'est le verre, l'instant, le lieu, la table où on le boit. La beauté de la femme, c'est l'amour qui la regarde.

La femme n'aime que ce dont elle souffre.

Je vais ce soir à l'Eldorado, un grand café-concert du boulevard de Strasbourg, une salle à colonnes d'un gros luxe de décor et de peintures. — Mon Paris, le Paris où je suis né, le Paris des mœurs de 1830 à 1848 s'en va. Il s'en va par le matériel, il s'en va par le moral. La vie sociale y fait une grande évolution qui commence. Je vois des femmes, des enfants, des ménages, des familles dans ce café. L'intérieur va mourir. La vie menace de devenir publique : le cercle pour le haut, le café pour le bas, voilà où aboutiront la société et le peuple. — De là, une impression de passer là dedans comme un voyageur. Je suis étranger à ce qui vient, et à ce qui est, comme à ces boulevards nouveaux, sans tournant, sans aventure de perspective, implacables de ligne droite, qui ne sentent plus le monde de Balzac, qui font penser à quelque Babylone américaine de l'avenir. Il est bête de venir ainsi dans un temps en construction; l'âme y a des malaises comme un homme qui essuierait des plâtres.

Peut-être l'observation, cette grande qualité de l'homme de lettres moderne, vient-elle de ce que l'homme de lettres vit très-peu et voit très-peu. Il est dans ce siècle comme hors du monde; en sorte que, lorsqu'il y entre, lorsqu'il en aperçoit un coin, ce coin le frappe comme un pays étranger frappe un voyageur. Au dix-huitième siècle, au contraire, quel petit nombre de romans observés ! C'est que les gens de lettres de ce temps vivaient dans la vie qui les entourait, naturellement, comme dans une atmosphère. Ils vivaient sans voir, dans les drames, les comédies, les romans du monde que l'habitude les empêchait de remarquer et qu'ils n'ont pas écrit.

On vendra du Paradis tant qu'il y aura des larmes de mères. Des femmes gagnent leur vie à peindre à la gouache des ailes d'ange sur des photographies d'enfants morts.

Immense précipitation de la vie moderne : tout va plus vite et dure moins, — depuis les systèmes de lampe jusqu'aux fortunes.

Une main humaine, souvent une main de femme, une aumônière tendue, — c'est la quête dans l'église catholique; une espèce de filet à papillons au bout d'un bâton de bois qu'on allonge, — c'est la quête dans la chapelle protestante. Et c'est un peu là les deux religions.

Les gens qui ont beaucoup roulé dans la vie et dans les positions subalternes sont, effacés et comme usés d'aspect et de manières. Même sur les choses qui arrivent, qu'ils voient, qu'ils entendent, ils ont l'air d'avoir les sens de l'âme émoussés : leur jugement n'a plus ni vivacité, ni indignation, ni colère. Ils sont affectés des choses comme de loin.

Il semble que, dans la création du monde et des choses, le Créateur n'ait été ni libre, ni tout-puissant. On dirait qu'il a été lié par un cahier des charges : il faut qu'il fasse l'hiver pour faire l'été.

On a souvent essayé de définir le Beau en art. Ce que c'est ? Le Beau est ce qui paraît abominable aux yeux sans éducation. Le Beau est ce que votre maîtresse et votre servante trouvent, d'instinct, affreux.

Presque tous les dix ans la mode des amoureux change. Le ténébreux de 1830 a fait son temps et n'est plus de mise. Qui l'a remplacé? Le farceur, l'homme drôle. Cela vient de l'influence du théâtre sur les femmes. On était dans ce temps-là à Antony. Aujourd'hui, on est à Grassot. C'est le rôle, l'acteur dominant, culminant, du jour, qui donne le *la* à la séduction et au ton de l'amoureux.

———

Les républiques modernes n'ont pas d'art.

———

Quand vous avez travaillé toute la journée, quand votre pensée s'est échauffée tout le jour sur le papier, sans le contact et le rafraîchissement de l'air extérieur et des distractions, votre tête, que vous sentez dans la journée lourde de la crasse d'une cervelle, vous semble, à la nuit, pleine d'un gaz léger, spirituel, capiteux...

On ne peut demander aux contradictions d'un homme que la sincérité et la gratuité.

La distinction des choses autour d'un être est la mesure de la distinction de cet être.

Les peuples n'aiment ni le vrai ni le simple. Ils aiment la légende et le charlatan.

Je n'ai jamais vu un imbécile être cynique : il ne peut qu'être obscène.

Dans toute société d'hommes, une marque, un signe de l'individu impose sa reconnaissance et son autorité à tous. Cette chose qui fait autour de lui le respect et une disposition des autres à s'incliner sous ses idées, — c'est le caractère.

L'horreur de l'homme pour la réalité lui a fait trouver ces trois échappatoires: l'ivresse, l'amour, le travail.

Les enfants d'aujourd'hui ne semblent plus avoir de premier mouvement. Que sera la France qu'ils seront?

Les préjugés sont l'expérience des nations : ils sont les axiomes de leur bon sens.

Art nouveau du comédien que celui de se dessiner. Frédérick-Lemaître a eu des lignes où il a mêlé Daumier à Michel-Ange. J'ai vu à Paulin Ménier des effets de dos qui ressemblaient à un croquis de Gavarni. Rouvière avait des désespoirs et des épilepsies de mains qui faisaient songer aux lithographies de l'*Hamlet* de Delacroix.

Parler pour parler, c'est la femme. Les hommes chantent quand ils sont entre eux.

La femme chante, quand elle est seule, pour parler.

La plus grande force de la religion chrétienne, c'est qu'elle est la religion des tristesses de la vie, des malheurs, des chagrins, des maladies, de tout ce qui afflige le cœur, la tête et le corps. Elle s'adresse aux gens qui souffrent. Elle promet des consolations à ceux qui en ont besoin, l'espérance à ceux qui désespèrent. — Les religions antiques étaient les religions des joies de l'homme, des fêtes de la vie. Depuis, le monde est devenu vieux et douloureux. C'est la différence d'une couronne de roses à un mouchoir de poche : la religion chrétienne sert quand on pleure.

Un respect vous saisit quand on entre dans ces catacombes de l'état civil, dans ces couloirs de registres en vélin blanc. Les mots que portent les dos ont quelque chose de solennel : *naissances, décès, mariages, abjurations.* L'œil accroche au passage quelque nom de vieille paroisse qui fait songer : *Saint-Séverin, Saint-Jean-en-Grève.* Là est le passé de Paris. Ce papier est la seule mémoire de tant de morts. *Né, marié, mort,* — que d'ombres n'ont que cette biographie! Et quelle anonyme poussière ferait tout ce passé de millions d'hommes qui est sous nous, sans cette signature de leur nom et de leur vie qui est là! Il rôde et furette là dedans, avec l'air du génie du lieu, flairant les actes, découvrant les vieilles naissances et les vieilles morts, comme on trouve les sources avec une espèce de divination, un vieux bonhomme au teint gris sale, de la couleur de ces vieux livres, grand, fort, cassé et voûté : il ressemble à une figure du Temps dans un ancien tableau. Un chat le suit, blanc comme les animaux qui habitent la mort, comme les souris blanches des cimetières.

Il passe lentement un, deux, trois, quatre, cinq individus. On compterait les passants sur ses doigts. Puis un chien qui fait comme un homme le tour de la place, puis un autre. Puis, voilà une femme en chapeau. Il y a au milieu de la place une petite voiture de mercerie où personne n'achète : à deux heures, la marchande ferme et s'en va... Il y a quelque chose de plus mort que la mort, c'est la vie d'une place de ville de province.

Il n'y a point de théâtre ici. Je m'en vais au tribunal voir juger, un jour de police correctionnelle. Une salle où passe le tuyau d'un poêle, des fenêtres à jalousies, un Christ sur un mur qui regarde un Napoléon de plâtre. Une petite servante de treize ans est sur le banc, une malheureuse enfant : elle gagnait quatre francs par mois chez une femme qui l'accuse de vols de liqueur et de sirop. La justice est là avec la cravate blanche et les lunettes d'or du président. Un jeune substitut replet se renverse, le coude sur son code, avec une désinvolture de blasé à une loge d'Opéra. Là, en face, le greffier qui a l'air d'un diable de Nuremberg. Puis en bas du tribunal, la face plate et les yeux bordés de jambon, l'huissier avec son petit manteau noir qui pend à son habit comme une aile cassée de chauve-souris. La petite fille pleure. Vraiment, à voir la misérable petite, pelotonnée sur le banc et le mouchoir aux yeux, qui a commencé la vie par la mendicité, et qui n'a eu nul appui, nul enseignement pour résister aux pauvres petits vices de son âge, il vous prend une mélancolie profonde. On en sort à la voix du président qui, s'adressant au père de l'enfant, un idiot mendiant, lui reproche de n'avoir pas développé « *le sens moral* » dans son enfant : à ce mot, le père semble vaguement chercher de l'œil une araignée au plafond. La petite fille en a pour quatre ans de maison de correction. On passe à une affaire d'outrage aux mœurs. Il y a deux petites filles de treize à quatorze ans, aux yeux de charbon ardent, qui se dandinent et se frottent, avec une lasciveté animale, contre les bancs. Elles déposent de « sottises » qu'on leur a faites, avec une aisance, une propriété de termes véritablement monstrueuse. Le prévenu est un gros homme à épaules de bœuf, sanguin, interrupteur, qui veut toujours parler, donner « l'opinion de ses idées », et dont l'émotion se trahit par un croissant de transpiration sous les aisselles, sur sa blouse. A tout moment il se lève, agite derrière son dos ses deux grosses mains de Goliath. Les témoins déposent : des dépositions gluantes, baveuses, insaisissables et qui s'embrouillent. Le tout se passe en famille. Il y a une interruption d'audience où tout le monde se rapproche ; l'huissier offre une prise au prévenu ; les témoins, le brigadier de gendarmerie, le public, le greffier entrent dans le prétoire et se mêlent en groupes. L'avocat discute un plan des lieux avec le brigadier ; le prévenu retouche au plan. Les témoins s'embrouillent de plus en plus ; et je ne sais ce qu'il arrive parce qu'il est six heures, et que l'avocat ne fait que commencer sa plaidoirie, un tableau effrayant de la démoralisation des villages par la balle du colporteur, par les obscénités que les petites filles lui achètent, en se cotisant.

———

La nature ne fait point meilleur. Elle est une leçon d'endurcissement. L'humanité se désapprendrait si elle n'avait sous les yeux que ce spectacle de fatalité, ce *circulus* de dévorement où tout est à la force, où il n'est d'autre justice que la nécessité ; où du plus petit au plus grand des animaux, du plus noble au plus vil, la vie de l'un vit de la mort de l'autre.

———

Les petits esprits, qui jugent hier avec aujourd'hui, s'étonnent de la grandeur et de la magie de ce mot avant 1789 : le Roi. Ils croient que cet amour du Roi n'était que bassesse des peuples. Le Roi était simplement la religion populaire de ce temps-là, comme la patrie est la religion nationale de ce temps-ci. Et peut-être quand les chemins de fer auront rapproché les races, mêlé les idées, les frontières et les drapeaux, il viendra un jour où cette religion du dix-neuvième siècle paraîtra presque aussi étroite et petite que l'autre aux journaux ne parlant plus qu'une langue.

Un ouvrier a, devant moi, d'un mot, d'un de ces mots de peuple qui disent tout, baptisé le style de ce temps sans style, le style du dix-neuvième siècle. « C'est une julienne. »

Dans les sociétés de la vie, le lendemain ne rit jamais comme la veille. La gaieté d'un salon se fane avant son papier. Le plaisir d'une maison vieillit avant ses hôtes.

———

Il est indispensable pour être célèbre d'enterrer deux générations, celle de ses professeurs et celle de ses amis de collége, la vôtre et celle qui vous a précédé.

———

Il est des jours où le soleil me semble vieux et les astres usés. Le firmament montré sa trame. Il y a des morceaux d'azur où j'aperçois comme des repeints, et des nuages où je vois des espèces de rapiéçages. Je ne sais quel ton pisseux les siècles ont donné à ces frises de l'univers. L'émail d'en haut paraît éraillé par le pas et les clous des souliers du Temps. Le soleil est fané. La création me fait l'effet de ces directeurs de théâtre, menacés de faillite, auxquels les fournisseurs ne veulent pas faire de nouveaux *ciels* et qui resservent au public leurs vieux décors et leurs fonds de magasins. Qu'il devait être autre le dais nuptial de nos premiers pères, d'Adam et d'Ève ! Toute cette voûte flambant neuf, les étoiles toutes jeunes, l'azur ressemblant à des yeux bleus de quinze ans, une prodigalité d'étoiles, un infini de planètes, des ellipses et des paraboles de feu, un éblouissement de prodiges, des astres de lumière grands comme des boucliers !

On a beaucoup écrit sur la tragédie, sur la grande tragédie du grand siècle. Et cependant rien ne la dit, rien ne la montre comme

une image, cette belle gravure des *Comédiens
François* de Watteau. Comme c'est le sens et
la couleur de la tragédie, telle qu'elle fut
conçue dans le cerveau d'un Racine, déclamée, chantée, dansée par une Champmeslé,
applaudie par les gens bien nés d'alors et les
seigneurs sur les banquettes! C'en est la
pompe, la richesse, la composition solennelle,
le geste accompagnant la mélopée... Oui, la
tragédie respire et vit là, mieux que dans
l'œuvre imprimée et morte de ses maîtres,
mieux que dans les reconstitutions des critiques; là, sous ce portique ordonnancé par un
Perrault, qui laisse voir sous un de ses arcs
le jet d'eau d'un bassin de Latone; là, dans
ce quatuor balancé, dans cette partie carrée
où la passion semble un menu et grandiose.
Quel roi-soleil de l'alexandrin, celui à qui
une Ariane dit « Seigneur! » ce glorieux personnage, couronné de sa perruque, en grand
et magnifique habit, avec ses brassards et

ses cuissards de dorure et de broderie, sa cuirasse de rayons! Et quelle reine magique de Versailles, celle qu'on appelle de ce grand nom : « Madame! » la princesse au panier superbe, le corsage comme la queue d'un paon! Et quelle compréhension dans ces deux ombres qui suivent le Prince et la Princesse, en portant la queue de leurs tirades, le confident et la confidente, ces deux silhouettes qui se détournent pour pleurer et font une si régulière perspective d'attendrissement!

En Allemagne, une chambre d'auberge à deux lits évoque tout de suite à l'œil et à la pensée l'idée d'un mari et d'une femme, d'un ménage. Tout, jusqu'aux rideaux d'un blanc nuptial, parle d'un amour honnête, consacré, autorisé. En France, la chambre d'auberge n'est jamais conjugale : on croit voir aux murs, sur les meubles, l'ombre et la trace d'un enlèvement, d'un Monsieur avec sa maîtresse; l'oreiller ne semble avoir gardé que le moule du plaisir.

———

J'ai vu Heidelberg. Il m'a semblé voir l'œuvre de Victor Hugo quand la postérité aura passé dessus, quand les mots seront rouillés, quand les pans superbes de l'œuvre auront la solennité de la ruine, quand le temps, comme un lierre, aura monté dans la beauté de ces vers. Vieux et cassés, les hémistiches garderont la majesté foudroyée de ces rois Sarmates frappés de boulets en pleine poitrine. Et le vaste palais de poésie du maître demeurera grand et charmant comme ce géant de grâce mêlant Albert Durer à Michel-Ange, brouillant Rabelais et Palladio, ayant Gargantua dans sa tonne et l'*Invicta Venus* dans sa chapelle.

———

En voyant le chœur de la cathédrale de Mayence d'un rococo si tourmenté, si joliment furieux, avec ses stalles qui semblent une houle de bois; puis ces églises de Saint-Ignace et de Saint-Augustin, aux balustres des orgues égayés d'amours comme un théâtre Pompadour, la pensée se perd sur ce catholicisme, si rude en ses commencements, si ennemi des sens, tombé dans cette pâmoison et cet éréthisme, qui est l'art Jésuite. Ce ne sont qu'évêques dégingandés au pas saltateur de Dupré, grands prêtres de bacchanales, anges qui tiennent le saint ciboire avec le geste d'un arc qu'un amour détend, saints qui se renversent sur le crucifix avec des mouvements de violoniste, effets de lumière

derrière les autels qui ressemblent à une
gloire derrière une conque de Vénus, toute
une religion descendue du Corrége et que
Noverre semble avoir réglée comme le plus
délicieux opéra de Dieu; — si bien qu'au
son des flûtes, des bassons, de la musique la
plus chatouillante, la plus enivrante, la plus
ambrée, si l'on peut dire, on s'attend à voir
un joli homme d'évêque, avec le geste
sautillant d'un marquis, tirer l'hostie d'une
boîte d'or et l'offrir comme une pastille ou
comme une prise de tabac d'Espagne!

Au Musée de Cassel, des Rembrandt à peu
près ignorés. Surtout une merveilleuse bénédiction de Jacob : un rêve de lumière blonde.
Ce sont des légèretés de peinture à la colle,
des transparences d'aquarelle, une touche
voltigeante et pareille à un rayon de soleil sur

de l'écaille, toutes les couleurs qu'aime Rembrandt, jusqu'à celles qu'il tire de la fermentation et de la moisissure des choses, comme des fleurs de pourriture et des phosphorescences de corruption. Le jour est biblique ; les trois lumières dégradées, l'ombre du vieillard, la douce lumière du ménage, le rayonnement des enfants, semblent l'admirable image de la famille, soir, midi et aube, le Passé bénissant de son ombre, devant le Présent éclairé, l'Avenir éblouissant.

Je demande au garçon, je ne sais pourquoi, s'il y a quelqu'un qui règne à Cassel. Il y a des points sur le globe où l'on ne voit pas la place d'un souverain. Le garçon m'apprend qu'il y en a cependant un à Cassel, sous lequel Cassel gémit : le royaume d'Yvetot sous Denys le Tyran ! — Mais enfin, dis-je à ce garçon, vous êtes un pays constitutionnel, vous avez des chambres, vous devez avoir une opposition. — Oui, monsieur, nous avons une opposition. — Eh bien ! qu'en faites-vous ? — Rien, monsieur. Il n'y a personne chez nous pour se mettre à la tête de l'opposition.

———

..... En sortant de Kroll, la voiture m'emporte à travers des rues de palais, sur le petit pavé bruyant, je ne sais où, à une porte éclairée où il y a une affiche : au fond d'une cour, j'entre dans une grande salle de bal rayonnante de gaz. Une dizaine de femmes, auprès des tables, sont sur des divans dans des poses lasses et stupides. Au milieu, un petit pianiste mécanique de quinze ans, de la force d'une nuit de musique, automatique et flave, sans regard, joue éternellement sur un piano. De temps en temps, la voix de soprano d'une femme se lève avec la musique et bruit avec elle. La porte du fond parfois s'ouvre, et des femmes entrent, marchent avec des pas de revenants, et s'asseyent. Elles ont des tailles plates de poupée, et l'on cherche, dans leur dos, comme dans le dos d'une Olympia, où on les remonte. Une pâle vierge à la Holbein apparaît jouant avec des fruits sur une assiette, grignotant, et riant d'un rire de songe. Puis me voici dans une lumière toute rousse de petit café enfumé. Les cigares et les pipes y font des nuages visibles et qui se tordent comme une idée bête qu'on poursuit. Trois jeunes filles en costume tyrolien, l'aigrette au chapeau, les bretelles à la gorge, chantent sur une estrade et font sonner l'écho de leurs montagnes. Et alors, vers ma table, le crâne et le front balayés et baignés de grandes mèches de cheveux blancs, quelqu'un d'à peine vivant, d'oublié par la mort, par la guerre, s'approche, branlant comme une ruine. Le pauvre petit vieillard, ensuairé dans sa longue redingote tachée du ruban d'une croix, avance vers moi sa tête, où deux yeux sortent, fixes et saillants, morts et terribles comme ceux d'un soldat à qui on enfoncerait une baïonnette dans le ventre. De grosses moustaches blanches lui masquent la bouche et lui remontent jusqu'au bout du nez, quand il parle. Son menton tout écourté et ravalé par l'édentement a un perpétuel tremblotement. Il semble mâcher des restes d'idées, de souvenirs, de mots. Il a peine à porter la petite boîte de parfumerie où il cherche l'eau de Cologne et la pommade qu'il veut me vendre; à tout moment, il les pose devant moi, en s'appuyant dessus, prêt à tomber; et ses yeux, s'ouvrant de plus en plus, le vieux soldat de Blucher, de cette voix qui semble sortir d'un trou, de cette voix de son passé, un murmure comme un cri de dessous la neige, me bredouille en français. « Entré à Paris !... » — On respire ici, dans cette ville nocturne, un air d'Hoffmann.

Ce qui entend le plus de bêtises dans le monde est peut-être un tableau de musée.

Il y a des auteurs qui sont antipathiques comme des personnes. En les lisant, on croit les voir.

A la longue, on devient triste, comme si on enfonçait dans de la matière, à côté d'hommes et de femmes qui ne paraissent penser que par leurs sens.

Ce qui me dégoûte, c'est qu'il n'y a plus d'extravagance dans les choses du monde. Les événements sont raisonnables. Il ne surgit plus quelque grand toqué de gloire ou de foi, qui brouille un peu de la terre et tracasse son temps à coup d'imprévu. Non, tout est soumis à un bon sens bourgeois, à l'équilibre des budgets. Il n'y a plus de fou, même parmi les rois.

Je m'éveille ce matin dans une chambre pleine de portraits d'aïeux et d'aïeules qui me regardent tous dans le costume de leur profession ou dans l'habillement de leur pensée, avec des accessoires aussi naïfs d'indication que les phylactères du moyen âge : le médecin avec un Boerhaave à la main, le curé avec un paroissien, l'homme de banque avec une lettre de change. Il y a aussi un garde-française au pastel tout pâli, une petite fille qui a un serin jaune perché sur le bras, une vieille femme noire, austère, janséniste, la mère inconsolable du garde-française tué en duel à vingt ans. On sent dans ces portraits, tous en costume de leur état, l'ordre de la société passée, l'orgueil, chez chacun, de son ordre et de son costume professionnel. Aujourd'hui, un avoué se fait peindre en habit de chasse, et un notaire en homme du monde. C'était une bonne chose que cette habitude ancienne de transmission des portraits de famille, c'était un enchaînement de la race. Les morts n'étaient enterrés que jusqu'à la ceinture. Le type physique léguait le type moral. Il y avait comme des patrons de votre conscience dans ces mauvaises toiles autour de vous. L'exemple des vôtres vous entourait. Et dans cette pièce remplie de portraits de famille, le germe d'une mauvaise action était mal à l'aise.

Une femme meurt sur la place. Une fenêtre éclairée et comme vivante au milieu des ténèbres, des cierges allumés, du blanc de rideaux, et sur les feux des cierges, des ombres qui passent, une ombre qui se penche : c'est l'extrême-onction qu'on donne à la malade, — un mystère qui passerait sur une flamme. La nuit est noire et pleine d'étoiles. L'heure semble homicide et sereine. Il y a répandu et comme tombant de cette fenêtre ce je ne sais quoi de solennel, d'horrible et de sacré que la Mort amène avec elle dans une maison. Dans l'air, dans la nuit, dans l'haleine de l'ombre, il y a comme un souffle qui s'exhale, comme une aile qui s'essaye : quelque chose qui a été quelqu'un va s'envoler.

C'est la Fête-Dieu. On tend toutes les rues de draps. Comme une femme disait à un vieux paysan d'en face qu'un drap qu'il tendait serait bien bon pour l'enterrer : « Ah ! ben oui, ce serait du trop beau pour moi... Un sac, c'est tout ce qu'il faut... » — l'avarice du paysan va jusqu'à l'économie du linceul. Il craint que sa mort ne lui coûte trop cher. Il achèterait au rabais, s'il le pouvait, les vers du tombeau.

C'était en me promenant dans la ruelle, au bout de la rue étranglée entre des murs de jardins percés de portes. Le soleil tombait. Un souffle passait comme un murmure dans la cime des hauts peupliers. Le coucher du soleil glaçait d'une vapeur de chaleur les verdures au loin. A ma gauche, le massif des marronniers de la Vieille-Halle se détachait en noir sur le ciel jaune; les dernières feuilles marquaient et se digitaient, comme les dessins de l'agate arborisée, sur l'or pâlissant du soir. Dans la masse des arbres, de petits jours passant semblaient piquer des étoiles. C'était l'effet étrange de ce *Soir,* du paysagiste Laberge, qui est au Louvre, découpant la nuit des arbres et collant leurs feuilles d'ébène sur un ciel d'une lumière infinie et d'une magnificence mourante.

Sur le chemin de fer, il y avait une voiture avec un coupé et des volets fermés. On y a fait monter des femmes qui pleuraient dans des mouchoirs de cotonnade bleue. Des oiseaux qui s'étaient posés sur la voiture se sont dépêchés de s'envoler... J'ai lu alors : *Service des Prisons.*

Un escalier en colimaçon à rampe de bois graisseuse ; des odeurs et des lueurs de quinquets, des portes, des paliers, tout cela étroit ; un labyrinthe de corridors, de couloirs, quelque chose comme ces endroits resserrés où l'on va toujours dans les rêves ; puis les pieds posent sur des planches à coulisses, l'épaule frôle un châssis de bois garni de vieux journaux ; des apparitions vous coudoient, des hommes du peuple, des porteurs d'oripeaux, d'étoffes brillantes, étincelantes, qui s'éteignent dans le gris ou le bleu des bourgerons de faubourgs ; un va-et-vient sans paroles, automatique ; des morceaux de bal masqué qui passent, une sorte de carnaval dans les Limbes ; des petites filles en blouse de pension filant entre vos jambes, d'autres montant un escalier en remuant dans l'ombre des gazes d'anges ; par instants, par une découpure de décor, un coin de scène, une bouffée de musique, de voix ; et puis des flots de figurants, de machinistes, d'ouvriers, un peuple hâve, rachitique, des mines de Mont-de-Piété, des faces fardées, tout cela allant avec un mouvement d'immense manufacture, de prodigieuse usine, le pêle-mêle d'une fabrique d'illusion en activité. Mille odeurs là-dedans, des sueurs d'hommes et des sueurs de danseuses, des vapeurs de gaz, d'huile, des senteurs de poussières, l'haleine d'un peuple, des émanations de couleurs, d'étoffes neuves, de

misère, de famille, et d'aigre de petit enfant.
Je monte dans du noir où l'on heurte des voix, j'ouvre une loge : le lustre est baissé, la rampe est haute. Sur la scène, un régisseur avec une canne range des bataillons de danseuses, des légions de figurantes, comme un caporal prussien qui commanderait à une légende, aux visions d'un songe.

Dans la salle grouillent, confusément mêlés, le théâtre et la vie, la rue et la féerie : des gens du théâtre, en manches de chemises, attablés au velours des premières loges, des danseuses blanches, nuageuses, diadémées de clinquants, leur jupe en nimbe derrière elles, au milieu d'allumeurs de quinquets. Un prince Charmant, en costume d'argent, mouche un petit môme en blouse. Sur la scène on s'agite, on se remue; le maître de ballet arpente le devant du théâtre en claquant la mesure dans ses mains. Les danseuses se trémoussent, en costume, ou bien en jupon, en corset, dans un déshabillé de grisette qui vous fait passer devant les yeux comme le *Lever des ouvrières en modes* à l'Opéra; au cou, pour ne pas avoir froid, elles se sont noué leur mouchoir. — Ces dames seront-elles en costume de caractère? demande la voix de la censure. — Des *fa!* des *fa!* crie le chef d'orchestre à la musique.

Sur le fond raisin de Corinthe sourd et foncé de ma loge, une danseuse essaye ses *élévations;* elle se détache, le visage à demi éclairé par les feux qui viennent de la rampe et meurent sur sa gorge au bouquet de rubans rouges de son corsage; tout le reste, la jupe ballonnante et les jambes, flotte dans le demi-jour d'un blanc tiède à la Goya. Au-dessus de sa tête, un papillon réveillé, passant comme un atome dans une raie de lumière, va et vole dans cette brume chaude de la loge. Mon regard suit, au bout de la chaise où sa main s'appuie, ce corps de femme vaporeux et remuant, toute cette dislocation voluptueuse et harmonieuse de la grâce qui s'assouplit et de la légèreté qui se travaille...

Dans une société qui serait une aristocratie, mais une aristocratie de capacités, ouverte au peuple, se renouvelant et se recrutant largement jusque dans les intelligences ouvrières, je rêverais un gouvernement qui essayerait de tuer la Misère, abolirait la fosse commune, ferait place à tous les morts comme à tous les vivants, décréterait la justice gratuite, nommerait des avocats des pauvres, payés par le seul honneur de l'être; établirait devant Dieu, à l'église, la gratuité et l'égalité pour le baptême, le mariage, l'enterrement; un gouvernement qui donnerait dans l'hôpital une hospitalité magnifique à la maladie; un gouvernement qui créerait un Ministère de la souffrance publique.

———

On n'a vu qu'une fois dans l'histoire moderne un César dilettante : Frédéric.

———

J'ai entendu résumer ainsi la décadence de l'opinion publique : de l'estime pour les honnêtes gens et de la sympathie pour les coquins.

———

Il faut prendre garde de confondre le *canaille* avec le *commun* : le canaille est toujours plus distingué.

La platitude du style vient de l'âme.

Un gouvernement a encore plus besoin qu'un homme de donner de lui l'idée qu'il est capable de se battre.

Les époques et les pays où la vie est bon marché sont gais. Une des grandes causes de tristesse de notre société, c'est l'excès du prix des choses, et la bataille secrète de chacun avec l'équilibre de son budget.

Le corps a ses mœurs que font et défont
les civilisations. Ces habitudes de l'extérieur,
grandies et roidies à Rome, par la vie à la
dure, en poses héroïques et à grands plis,
ces habitudes ondulantes, contournées,
pleines des caprices de la rocaille, au siècle
dernier, sous le crayon de Cochin, auront
l'image de leur manifestation présente dans
l'OEuvre de Gavarni. Le crayon de Gavarni
a saisi au vol les allures du corps moderne
dans la mélancolie, la fatigue, l'étrangeté,
le sans-façon, le nonchaloir et le débraille-
ment de son mouvement et de sa mimique.
Voilà nos bras, nos jambes, nos torses, nos
renversements, nos accoudements, notre
marche et notre pas; toutes ces postures où
nous nous complaisons comme dans des
pantoufles faites; un portrait en pied pour
lequel le dix-neuvième siècle a posé comme
il était, dans la rue, dans sa chambre, sans
prendre une pose. Voilà les mollets sur les

poêles de fonte encore tièdes, les index interrogeant l'argent de la poche d'un gilet, les mentons qui jouent avec le pommeau d'une canne, les doigts qui usent distraitement le bois d'une table, les poses horizontales de la flânerie, les mains dans les poches du pantalon qui le tendent par devant en éventail, le salut de l'huissier, la façon d'attacher un bouton de gant de l'homme du monde, le geste poissant et attoucheur du populaire. La *joliesse* des mouvements, les poses diaboliques, les ronrons de chatte, le manége de la taille, les coquetteries de tête sur les oreillers qui creusent, les mains qui s'amusent avec le bouchon d'or d'un flacon d'odeur, ces genoux levés dans le lit pour le pupitre de la correspondance, cette couronne que la dormeuse éveillée se fait de ses deux bras au-dessus de sa tête, voilà la Femme, la mode actuelle de la Grâce.

En lisant les préfaces de Molière, on remarque la familiarité, la presque camaraderie de l'auteur avec le Roi. La flatterie même échappe à la bassesse par la mythologie du compliment.

———

Pour les délicatesses, les mélancolies exquises d'une œuvre, les fantaisies rares et délicieuses sur la corde vibrante de l'âme et du cœur, faut-il un coin maladif dans l'artiste? Faut-il être, comme Henri Heine, le Christ de son œuvre, un peu un crucifié physique?

———

Les anciens endroits de fête et de plaisir, comme Saint-Cloud, ont la tristesse des hommes qui se sont beaucoup amusés.

———

Maurice de Guérin me fait penser à un homme qui réciterait le *Credo* à l'oreille du Grand Pan, dans un bois, le soir. — Au fond de l'âme si dévouée de sa sœur se perçoit comme une sécheresse de cloître. Il y a un excès de catholicisme qui habitue tellement la femme à la souffrance qu'elle s'y endurcit pour elle et les autres : elle perd le *tendre*.

Il y a plus d'âmes que d'esprits ayant un caractère : j'appelle caractère la constance d'une conscience.

Les plus luxueux trousseaux de femmes, les chemises de noces des filles qui apportent six cent mille francs de dot, sont travaillés à Clairvaux. Voilà le dessous de toutes les belles choses du monde. Les dentelles parfois me semblent faites avec des larmes de femmes.

Peut-être que les plus grands poëtes sont inédits. Écrire une chose est peut-être le contraire de la rêver.

Songe-t-on au sort du curé d'une de ces paroisses de France où l'on fait six liards à la quête de la grand'messe le dimanche?

L'enfant passe jusqu'à vingt ans au collége où tout est donné au travail, au mérite, à l'aptitude. Puis, à vingt ans, quand il entre dans le monde, tout change : c'est le contraire.

A la Bibliothèque, dans la salle de lecture, j'ai vu, en passant, un homme qui lisait. Il avait dans la main la main d'une jeune femme assise à côté de lui. J'ai repassé deux heures après : l'homme lisait toujours, et il avait toujours la main de la jeune femme dans sa main. C'était un ménage allemand. Non, c'était l'Allemagne.

Ce qu'on appelle la nature m'apparaît tantôt comme un bourreau et un tortureur de la vie universelle; tantôt comme un mystificateur qui s'amuserait à couper des crins dans le lit du monde, un empoisonneur des Paradis d'ici-bas, des ciels bleus, des beaux climats, des pays chauds, avec les fièvres, les féroces, les insectes.

C'est après dîner que l'homme a le plus d'idées. L'estomac rempli semble dégager la pensée, comme ces plantes qui suent instantanément par leurs feuilles l'eau dont on a arrosé leur terreau.

On cause de l'espace et du temps; et j'entends dire à une imagination de savant : Tout corps, tout mouvement exerçant une action chimique sur les corps organiques avec lesquels il s'est trouvé une seconde en contact, tout, depuis que le monde est, existe et sommeille conservé en photographie, en milliards de clichés naturels; et peut-être est-ce là la seule marque de notre passage dans cette éternité-ci. Qui sait si un jour la science, avec ses progrès, ne retrouvera pas le portrait d'Alexandre sur un rocher où se sera posée un moment son ombre?

Une jeune personne disait devant moi : On n'est heureux que quand on dort ou quand on danse.

Chose singulière! la poésie chinoise, — celle du moins qu'on connaît — est classique. Des poésies de l'époque des Thang, la philosophie épicurienne au bord des eaux, l'éternelle invitation à la tasse, font vaguement rêver à un Horace de Rotterdam.

Des hommes semblent avoir été créés pour avoir du génie. Ils peuvent gaspiller, dévorer cette divine fortune de naissance : il leur en restera toujours ce qui reste à un grand seigneur d'un grand patrimoine mangé.

Les figures de cire, je ne connais pas de mensonge de la vie plus effrayant. Ces immobilités paralysées, ce geste refroidi, cette fixité, ce silence du regard, ces tournures pétrifiées, ces mains pendues au bout des bras, ces tignasses noires et ballantes, ces cheveux d'ivrogne dépeigné sur le front des hommes, ces cils de crin enfermant l'œil des femmes, ce blanc morbide et azuré des chairs, ce quelque chose de mort et de vivant, de pâle et de fardé, qu'ont ces déterrés de l'histoire dans ces oripeaux raides, tout cela trouble et inquiète comme une résurrection macabre. — Peut-être que ce plagiat sinistre de la nature est appelé au plus grand avenir. La figure de cire deviendra peut-être, dans les républiques futures, le grand art populaire. Qui sait si un jour les démocraties qui viendront n'auront pas l'idée d'élever aux gloires de la France un Panthéon de souvenirs et de commémorations accessibles à l'intelligence des yeux de tous et que les foules liront sans épeler, — un Versailles en cire? Ce sera l'histoire même, ses grandes scènes et ses hauts faits figés, immortalisés à la fois dans la forme et dans la couleur. On utilisera pour cela les peintres et les sculpteurs sans ouvrage : on leur associera des régisseurs, des acteurs, tous les gens dont le métier est de disposer plastiquement une scène. Et peut-être ira-t-on jusqu'à mettre dans le creux des personnages historiques une petite manivelle à éloquence humaine qui récitera leur plus beau mot : *A moi d'Auvergne!* pour d'Assas ; *Allez dire à votre maître.....* pour Mirabeau. L'illusion sera alors véritablement complète.

Un palmier m'est agréable comme un objet d'art. Dieu ne me semble avoir fait à la main, avec un caprice d'artiste, que les arbres d'Orient. Toute notre pauvre et économique nature d'Europe me paraît fabriquée à la mécanique dans une prison.

Le confortable anglais est l'admirable entente du bonheur matériel du corps, mais d'une espèce de bonheur d'aveugle où rien n'est donné au sens artiste de l'homme, à l'œil.

L'empire romain se partage entre le sadisme et le stoïcisme, les deux extrêmes où jette la toute-puissance humaine.

« Malheur aux productions de l'art dont toute la beauté n'est que pour les artistes... » Voilà une des plus grandes sottises qu'on ait pu dire : elle est de d'Alembert.

« *A l'extinction du paupérisme* », — j'ai vu cela sur une boutique. Les idées, en notre temps, sont quelquefois des enseignes.

Peu de gens connaissent ce grand bonheur de regarder des dessins anciens en fumant des cigares opiacés : c'est mêler le nuage de la ligne au rêve de la fumée.

Je me demandais comment était née la justice dans le monde. Je passais aujourd'hui sur un quai. Des gamins jouaient. Le plus grand a dit : — Il faut faire un tribunal... C'est moi le tribunal...

J'avais bu hier du porto. Voici ce que j'ai rêvé cette nuit : J'arrivais en Angleterre avec Gavarni. A l'entrée d'un jardin public, où se pressait beaucoup de monde, j'ai perdu Gavarni. Et je suis entré dans une maison, je m'y suis senti transporté comme par des changements à vue, de pièce en pièce, où des spectacles et des sensations extraordinaires m'étaient donnés. De ces spectacles et de ces sensations, je ne me rappelle que ceci; le reste avait disparu de moi au réveil, quoique j'aie gardé une vague conscience que cela avait duré longtemps, et que bien d'autres scènes s'étaient déroulées dans mon rêve. J'étais dans une chambre, et un monsieur, qui avait un chapeau sur la tête, donnait de furieux coups de tête dans les murs, et au lieu de s'y briser la tête, y entrait, en sortait, y rentrait encore. Puis, dans une grande salle, j'étais couché sur une espèce de lit dont la couverture était faite de deux figures pareilles à ces gros masques de grotesques des baraques de saltimbanques; et ce drap à images en relief se levait et se baissait sur moi; et bientôt il ne fut plus fait de ces visages de carton, mais de la figure d'un homme et d'une femme, et d'un immense semis de fleurs, à

propos desquelles je faisais la remarque que
j'avais la sensation de la couleur des fleurs,
mais non la perception : la couleur dans le
rêve est comme un reflet dans les idées, et
non une réflexion dans l'œil. Et cela aussi,
fleurs et couple, s'agitait sur moi absolument comme les flots de la mer au théâtre ;
et sur tout mon corps je sentais un chatouillement dardé. Après cela, dans une
autre salle étroite, haute comme une tour,
j'étais attaché par les pieds, la tête en bas,
nu, sous une cloche de verre, et il me
tombait sur le corps une masse de petites
étincelles lumineuses, d'une lumière verdâtre,
qui m'enveloppaient la peau, et qui, à mesure
qu'elles tombaient, me procuraient le sentiment de fraîcheur d'un souffle sur une tempe
baignée d'eau de Cologne. Puis, j'étais précipité, lancé de très-haut, et j'éprouvais la sensation de la montagne russe. Par tous ces
changements et ces impressions, j'avais une

volupté, non pas douloureuse, mais d'une anxiété délicieuse : il me semblait passer comme par des épreuves maçonniques dont je n'avais pas peur, mais dont la surprise avait un imprévu saisissant; c'étaient des jouissances comme l'émotion d'un péril d'où l'on serait sûr de sortir et qui vous ferait passer dans le corps un frisson de plaisir...

Il faudrait étudier dans l'enfant, l'origine des sociétés. L'enfant, c'est l'humanité qui commence; ce sont les premiers hommes.

La vérité, l'homme, par nature, ne l'aime pas; et il est juste qu'il ne l'aime pas. Le mensonge, le mythe, sont bien plus aimables. Il

SENSATIONS.

sera toujours plus agréable de se figurer le génie sous la forme d'une langue de feu que sous l'image d'une névrose.

Je me demandais l'autre jour avec inquiétude si je recommencerais la fatigue de cette vie d'ici dans une autre. La peur m'était venue qu'il n'y eût pour peupler les siècles qu'un certain nombre fixe d'âmes défilant et repassant de monde en monde, comme les soldats des armées du Cirque de coulisse en coulisse.

Ce que l'homme achète cent mille francs chez la femme qui vend son corps : la beauté, il ne l'estime pas dix mille chez la femme qu'il épouse et qui la lui donne.

On pourrait définir le provincial : l'homme qui n'a ni la mesure ni l'à-propos.

Il y a de monstrueuses fortunes qui font la charité, quotidiennement, du déjeuner à l'heure du bois : c'est désarmer Dieu quatre heures par jour.

On est dégoûté des choses par ceux qui les obtiennent, des femmes par ceux qu'elles ont aimés, des maisons où on est reçu par ceux qu'on y reçoit.

Les choses depuis le commencement du

monde vont en étant toujours aussi mauvaises, mais en paraissant un peu meilleures.

Ce sont deux cœurs que le cœur de l'homme et le cœur de l'écrivain.

En chemin, dans le coin du wagon, est un vieillard avec la rosette d'officier de la Légion d'honneur, une belle tête de vieux militaire. Il a un crêpe à son chapeau. Il est triste de cette tristesse poignante, absorbée, qui suit l'enterrement d'une personne bien chère. Il y a comme une électricité de ces grandes douleurs. Je lui demande si le tabac ne le gêne pas. D'abord, il n'entend pas; puis, m'entendant, il fait de la main un signe d'indifférence suprême et passive, comme si tout lui était égal, comme si rien ne pouvait plus être sensible. Je le vois mâcher ses larmes, avoir aux mains l'agitation et la nervosité du chagrin. A une station, il descend, se levant avec effort, avec secousse... j'ai eu l'ombre de ce grand deuil toute la journée en moi.

———

Ici, de jour en jour, croît en moi une allégresse bête dans laquelle les organes et les fonctions ont comme de la joie. On se sent du soleil sous la peau, et dans le verger, sous les pommiers, couché sur la paille des boîtes de laveuses, il se fait en vous un hébétement doux et heureux, comme par un bruit d'eau qu'on entend en barque, à côté de soi, roulant d'une écluse. C'est un état délicieux de pensée figée, de regard perdu, de rêve sans horizon, de jours à la dérive, d'idées qui suivent des vols de papillons blancs dans les choux.

La province dépasse le Roman. Jamais le Roman n'inventera la femme d'un commandant de gendarmerie mettant en vers les sermons du vicaire.

En province la pluie devient une distraction.

— Bonjour, mère Cahu... Et vos enfants?
— J'en ai déjà un de placé.
— Où ça?
— A Clairvaux.

Sur un coin de vieux mur, je reste le soir à regarder un paysage éteint et pourtant lucide, où flotte comme un souvenir de jour : la lumière disparue semble y avoir laissé son âme. Un enfant à côté de moi regarde dans le ciel mort.

Inquiétante silhouette, sur le crépuscule, à l'horizon d'un champ, que cet homme dressé, les deux mains et le menton sur un grand bâton, immobile et contemplateur, dans le temps sans heures et le commencement de songe des choses. Ce paysan solitaire grandit, pour moi, et menace, dans ce ciel. Je vois le pasteur et le sorcier derrière le berger, l'espion de l'étoile et le jeteur de sorts, une espèce de voleur diabolique des secrets de la nuit, l'évocateur des forces méchantes et noires de la nature; et c'est comme un cercle de sabbat qui me semble tourner autour de lui dans le frétillement de la queue de son chien.

Un temps dont on n'a pas un échantillon de robe et un menu de dîner, l'Histoire ne le voit pas vivre.

La mort des animaux est humaine.

J'avais toujours entendu parler avec vénération et admiration des travaux des Bénédictins. Il semblait que ces gens-là eussent poussé le travail, la patience et la conscience aux dernières limites. J'ai lu ces jours-ci le catalogue des *Portraits gravés* du Père Lelong. On n'imagine pas un catalogue aussi peu renseigné, aussi sommaire, aussi incomplet, aussi mal fait. Le moindre travail de catalographie de notre temps lui est cent fois supérieur par la science et la recherche. — L'histoire, décidément, et dans ses moindres parties, ne commence qu'au dix-neuvième siècle. — Cela m'a fait voir les Bénédictins comme d'aimables épicuriens de travail, faisant des recherches comme on fait la sieste, entre de bons repas et de paresseuses promenades : leurs travaux, ce sont les après-dînées de l'abbaye de Thélème.

La méchanceté dans l'amour, que cette méchanceté soit physique ou morale, est le grand signe de la fin des sociétés.

Il y a des écrivains dont tout le talent ne fait jamais rêver au delà de ce qu'ils écrivent. Leur phrase emplit l'oreille de l'esprit, et c'est tout.

———

Le journal a tué le salon ; le public a succédé à la société.

———

Il en est des petites filles jolies trop jeunes comme de ces journées où il fait beau trop matin.

———

Il faut retourner la phrase de Bonald : L'homme est une intelligence *trahie* par des organes.

Un homme qui ne rapporte point tout à lui, c'est-à-dire qui veut être quelque chose aux autres hommes, faire parmi eux du bien ou du bruit, est malheureux, désolé et maudit.

―――

Il y a une laideur d'abjection, de dégradation, de bassesse, une laideur d'argent qui est le stigmate du million.

―――

L'escrime serait la plus problématique de toutes les sciences, si la politique n'existait pas.

―――

Dernièrement, le fils d'une femme du peuple a quitté la maison de commerce où il était, en disant que c'était « un état où on ne parlait jamais de vous ». J'ai peur de l'avenir d'un siècle où tout le monde voudra avoir une carrière de vanité et de bruit.

Le feu! quel drame, — et quel dieu doux et tragique! Il est la chaleur, la lumière et l'incendie. Dans les éléments, c'est l'amour : il réchauffe, éclaire et dévore.

La femme a été constituée par Dieu la garde-malade de l'homme. Son dévouement ne surmonte pas le dégoût : il l'ignore.

Rien de si mal écrit qu'un beau discours.

Dans le nu, peint, sculpté, décrit, quelques-uns ne voient que la ligne du Beau. D'autres y voient toujours la peau de la femme et sa tentation. Il y a du Devéria pour certaines gens dans la Vénus de Milo.

La toile tombe, les rochers descendent dans le troisième dessous, les nuages remontent au cintre, le bleu du ciel regrimpe au ciel ; les praticables démontés s'en vont par les côtés, pièce à pièce ; les poutres, l'armature nue du théâtre, peu à peu apparaissent... L'on croirait voir s'en aller une à une les illusions de la vie. Comme ce ciel, comme ce lointain, se renvolent lentement au ciel l'horizon de la jeunesse, les espoirs, tout le bleu de l'âme. Comme ces roches, s'abaissent et sombrent une à une les passions hautes et fortes. Et ces ouvriers que je vois de ma loge sur la scène, qui vont et viennent sans bruit, mais empressés, emportant par morceaux tous ces beaux mensonges, firmaments, paysages, accessoires, roulant les toiles et les tapis, ne figurent-ils pas les années dont chacune emporte dans ses bras quelque beau décor de notre existence, quelque cime où elle montait, quelque coupe qui était de bois, mais qui nous semblait d'or? Et comme perdu là-dedans, les idées flottantes, je regardais toujours, — le théâtre était tout nu, tout vide, une voix d'en bas cria : Prévenez ce monsieur de l'avant-scène! — Il paraît que l'opéra était fini. Mais pourquoi les opéras finissent-ils?

Paris rit partout. J'ai vu des Parisiens loustics s'amuser à cracher, parmi les Catacombes, des lazzis dans le puits du Néant.

———

« Quatre sous d'absinthe et deux sous de beurre ! » — deux mots qui résument la vie matérielle de la courtisane pauvre, — de quoi faire une sauce et de l'ivresse, le boire et le manger de ces créatures qui vivent à crédit sur un caprice d'estomac et une illusion d'avenir.

———

Tous les côtés forts du jeune homme, aujourd'hui tournés vers l'intrigue, la fortune, la carrière, étaient tournés autrefois vers ou contre la femme. Toute vanité, toute ambition, toute intelligence, toute fermeté et résolution d'action et de plan, était alors dans l'amour.

J'ai vu aujourd'hui la Gloire chez un marchand de bric-à-brac : une tête de mort couronné de lauriers en plâtre doré.

L'homme est humain, la femme dévouée.

Dans le faubourg Saint-Jacques, tout à coup une petite fille... des yeux! des yeux qui ont passé comme une lumière et comme une chaleur. Un miracle, une beauté, une aube! Imaginez quelque chose d'angéliquement irritant, d'effrontément ingénu. Celle-ci, — et puis une autre que j'ai vue à Baies, du même âge, dansant une tarentelle dans un débris de temple antique, ce sont deux de ces figures qui restent en vous. La femme n'a pas ce charme vainqueur de la petite fille, lorsque la petite fille est pareillement adorable : âge d'ange de la femme, que cet âge de demi-enfance où le sourire est une fleur, le sang une rose, l'œil une étoile du matin !

C'est être un grand homme d'État que de perdre une très-grande monarchie.

Un homme qui a dans le visage quelques traits de Don Quichotte en a toujours quelques beaux traits dans l'âme.

La Misère a ses gestes. Le corps même à la longue prend des habitudes de pauvre.

Les anciens ne séparaient pas dans l'expression la vigueur de l'amertume.

La propriété littéraire, — la moins légale des propriétés, parce qu'elle est la plus légitime.

Ce temps-ci n'est pas encore l'invasion des barbares : ce n'est que l'invasion des saltimbanques.

L'homme peut échapper à la langue qu'il parle. La dépravation des mots, le cynisme des expressions, déprave toujours la femme.

———

J'étais au quai Voltaire chez un libraire. Un homme entra, marchanda un livre, le marchanda longtemps, sortit, rentra, le marchanda encore. C'était un gros homme, à mine carrée, solide, avec des dandinements de maquignon. Il donna son adresse pour se faire envoyer le livre : M***, à *Rambouillet*. — Ah! dit le libraire en écrivant, j'y étais en 1830 avec Charles X... — Et moi aussi, dit le gros homme, j'y étais aussi... J'ai eu sa dernière signature... vingt minutes avant que la députation du gouvernement provisoire arrivât... J'étais là avec mon cabriolet... Ah! il avait bien besoin d'argent... Il vendait son argenterie... et il ne la vendait pas cher ! ... J'en ai eu vingt-cinq mille francs pour vingt-trois mille... Si j'étais arrivé plus tôt !... Il en a vendu pour deux cent mille... C'est que j'avais quinze mille bouches à nourrir... sa garde... J'étais fournisseur. — Ah ! bien, dit le libraire, vous nous nourrissiez bien mal !... Je me rappelle une pauvre vache que nous avons tuée dans la campagne... — Qu'est-ce que vous voulez ? Dans ces moments-là...

Le hasard les avait mis face à face, le vieux soldat de la garde de Charles X, et le fournisseur qui avait grappillé sur une infortune royale et acheté au rabais la vaisselle d'un roi aux abois ; le soldat, pauvre libraire, le fournisseur gros bourgeois, épanoui, sonnant d'aisance et de prospérité. — J'ai voulu voir ce qu'il achetait : c'était une *Histoire des Crimes des Papes*.

Je suis revenu ce matin. Il était huit heures. On dansait encore. Des marchandes commençaient à apparaître en papillotes sur la porte de leur magasin. Des boutiques n'étaient pas ouvertes. Les étalages étaient encore couverts de serge verte. Aux portes des restaurants, on chargeait dans des tombereaux les écailles d'huître. En bas de la Maison d'Or, un chiffonnier ramassait les citrons jetés. On enterrait la Nuit... Dans l'air, vaguement, flottait encore la sonorité des cors de chasse éteints du Mardi-Gras. Il se levait, dans le froid, un jour magnifique d'hiver; et dans le bout des rues encore toutes bleues de vapeur, dans ce ciel pâlissant et déjà brillant, dans ces pans de mur éclairés, dans ces fenêtres où le réveil éclatait, dans cette lumière qui se levait et ce ciel tout balayé, comme le dessous d'une limpide aquarelle, de rose, de bleu, de blanc, il me semblait voir se fondre ma vision de la nuit, ces robes, ces bas, cette chair, ces femmes, les rubans du Carnaval!

***

J'ai gardé pour cette femme entrevue je ne sais quel désir vague, et qui parfois me revient sur une petite note douce et tendre. Des femmes vous laissent, on ne sait pourquoi, comme une petite fleur dans les pensées. Et je la regarde. Peut-être est-ce ce qu'il y a de meilleur et de plus suave dans l'amour, que ces yeux qui se cherchent et se trouvent, s'isolent et se mêlent au milieu de tant de monde, seuls au monde un moment. Et ce jeu est surtout charmant quand la femme est obligée de vous regarder sans en avoir l'air, vous jette un sourire sous sa lorgnette, met son manteau et ses fourrures lentement sur le bord de la loge, et vous

jette ce dernier regard gai, triste et doux...
Il y a des regards de femme, n'est-il pas vrai?
qu'on ne changerait pas contre toute la
femme.

C'est chez les peuples de commerce que j'ai
vu le plus de misère dans les rues.

Il y a des gens si grotesques qu'ils semblent, en mourant, profaner l'idée de la mort.

Ce sont des reliques que la vieille histoire.
Mais l'adultère de madame de Jully, voilà qui

est de mon humanité, de mon temps; voilà qui me touche. Ce sont là les mémoires, les souvenirs qui font tressaillir. Il faut, pour s'intéresser au passé, qu'il nous revienne dans le cœur. Le passé qui ne revient que dans l'esprit est un passé mort.

———

Je ne peux voir insulter un grand vaincu sans penser à un lion que j'ai vu taquiner par le parapluie d'un bourgeois.

———

On n'a pas assez remarqué combien il arrive souvent que les fils des pères — malheureux — sont les portraits de leurs pères. Leurs mères semblent les avoir conçus dans la pensée fixe et peureuse de l'image du mari qu'elles trompaient : ils ressemblent à leur père, comme l'enfant de la peur d'une petite fille ressemblerait à Croquemitaine.

Toutes les grandes œuvres idéales de l'art ont été faites dans des temps et par des hommes qui n'avaient pas la notion de l'idéal.

La France a un tel besoin de gloire militaire que le Roi de la paix a été obligé de lui donner de cette gloire à Versailles, — en effigie.

Il est permis en France de scandaliser en histoire. On peut écrire que Néron était un philanthrope ou que Dubois était un saint homme. Mais en art et en littérature, les opinions consacrées sont sacrées. Et peut-être, au dix-neuvième siècle, est-il moins dangereux pour un homme de marcher sur un crucifix que sur les beautés de la tragédie.

L'histoire est un roman qui a été ; le roman est de l'histoire qui aurait pu être.

On trouve des hommes à opinions variables et violentes : ce sont des girouettes mal graissées.

La grande fatigue du monde est de paraître

attentif à des choses qui ne vous intéressent pas : cela courbature en dedans.

Il y a de la pacotille dans l'humanité, des gens fabriqués à la grosse, avec la moitié d'un sens, le quart d'une conscience. On les dirait nés après ces grandes pestes, ces grandes rafles d'êtres au Moyen Age, où des hommes naissaient inachevés, avec un œil ou quatre doigts, comme si la Nature, dans le grand coup de feu d'une fourniture, pressée de recréer et de livrer à heure fixe, bâclait l'humanité.

Les femmes n'ont point la morale des hommes : leur passion fait leur conscience.

L'argent n'est que la fausse monnaie du bonheur.

———

Une terre sortie de l'eau, véritablement bâtie; un pays à l'ancre; un ciel aqueux; des coups de soleil qui ont l'air de passer par une carafe remplie d'eau saumâtre; des maisons qui ont l'air de vaisseaux, des toits qui ont l'air de poupes de vieilles galères, des escaliers qui sont des échelles, des vagons qui sont des cabines, des salles de danse qui figurent des entre-ponts; des hommes, des femmes à sang blanc et froid; des caractères qui ont la patience de l'eau; des existences qui ont la platitude d'un canal; des castors dans un fromage, — voilà la Hollande.

Hier, en chemin de fer, je regardais dormir, en face de moi, un jeune homme. J'étudiais la valeur d'un coup de soleil sur sa figure, avec la densité de l'ombre portée par la visière de sa casquette. En arrivant devant le Rembrandt qu'on est convenu d'appeler la *Ronde de nuit,* j'ai retrouvé le même effet : je n'ai vu qu'un plein, un chaud, un vivant rayon de soleil dans la toile. Seulement, comme fait presque toujours Rembrandt, ce n'est pas avec du jour, un jour égal, qu'il a éclairé sa toile, mais avec un coup de soleil qui tombe de haut et éclate en écharpe sur les personnages. Jamais la figure humaine, vivante et respirante dans la lumière, n'est venue sous des pinceaux comme là; c'est sa coloration animée, c'est le reflet et le rayon qu'elle jette autour d'elle, c'est la lumière que la physionomie et la peau renvoient, c'est le plus divin trompe-l'œil sous le soleil. Et cela est fait on ne sait comment. Le procédé est brouillé, indéchiffrable, mystérieux, magique et fantasque. La chair est peinte, les têtes sont modelées, dessinées, sorties de la toile, avec une sorte de tatouage de couleurs, une mosaïque fondue, un fourmillement de touches qui semblent le grain et comme la palpitation de la peau au soleil, un prodigieux piétinement de coups de pinceau qui fait trembler le rayon sur ce canevas de touches au gros point.

C'est le soleil, c'est la vie, c'est la réalité; et cependant il y a dans cette toile un souffle de fantaisies, un sourire de poésie merveilleuse. Voyez-vous cette tête d'homme contre la muraille, à droite, coiffé d'un chapeau noir ? et des gens n'ont jamais trouvé de noblesse à Rembrandt! Puis, au second plan, dans ces quatre têtes, cette figure indéfinissable, au sourire errant sur les lèvres, cette figure au grand chapeau gris, mélange de gentilhomme et de bouffon, héros étrange d'une comédie du *Ce que vous voudrez*; et à côté, cette espèce de gnome et de pitre idéal, qui semble glisser à son oreille les paroles des confidents comiques de Shakespeare... Shakespeare! ce nom me revient, et je ne sais quel mariage voit mon esprit entre cette toile et l'œuvre de Shakespeare. Et regardez encore la petite fille, toute de lumière, enfant de soleil qui jette ses reflets à toute la toile, cette petite fille coiffée d'or, qu'on dirait habillée d'émeraudes et d'améthystes, à la hanche de laquelle pend un poulet, petite juive, vraie fleur de Bohême : n'en trouverez-vous pas encore le nom et le type dans Shakespeare, dans quelque Perdita?

Un monsieur était devant ce tableau qui le copiait minutieusement à l'encre de Chine : j'ai pensé à un homme qui graverait le soleil à la manière noire.

Tous ces jours-ci, mélancolie vague, découragement, paresse, atonie du corps et de l'esprit. Plus grande que jamais, cette tristesse du retour qui ressemble à une grande déception. On retrouve sa vie stagnante à la même place. De loin, on rêve je ne sais quoi qui doit vous arriver, un imprévu quelconque qu'on doit trouver chez soi, en descendant de fiacre. Et rien que des prospectus, des adresses, des catalogues. Votre existence n'a pas marché, on a l'impression d'un nageur qui, en mer, ne se voit pas et ne se sent pas avancer. Il faut renouer ses habitudes, rerendre goût à la platitude de la vie. Des choses autour de moi que je connais, que j'ai vues et revues cent fois, me vient une insupportable sensation d'insipidité. Je m'ennuie avec les quelques idées monotones et ressassées qui me passent et me repassent dans la tête. Et les autres, dont j'attendais des distractions, m'ennuient autant que moi.

Ils sont comme je les ai quittés, il ne leur est arrivé rien à eux non plus. Ils ont continué à être. Ils me disent des mots que je leur connais. Ce qu'ils me racontent, je le sais. La poignée de main qu'ils me donnent ressemble à celles qu'ils m'ont données. Ils n'ont changé de rien, ni de gilet, ni d'esprit, ni d'amour, ni de fortune. Ils n'ont rien fait d'extraordinaire. Il n'y a pas plus de nouveau en eux qu'en moi. Personne même n'est mort parmi les gens que je connais. Je n'ai pas de chagrin, mais c'est pis que cela.

Le cidre — une boisson qui fait rentrer en soi, qui rend sérieux, fermé et solide, qui fait la tête froide et le raisonnement sec, une boisson qui ne grise que la dialectique des intérêts. Après de la bière, on écrirait un traité sur Hégel; après du champagne, on dirait des sottises; après du Bourgogne, on en ferait; — après du cidre, on rédigerait un bail.

———

Au mois de décembre, dans un bois, j'aime à voir venir la nuit dans le ciel fumant de froid et rouge de vent, entre les arbres roux, sur le couchant de feu. J'aime à entendre la lisière toute gazouillante et rossignolante du sautillant bonsoir des oiseaux au soleil. J'aime à suivre ces palissantes agonies de couleur, ces changements mourants qui passent sur le bois le ton de la sanguine brûlée, effacent avec du blanc, un blanc endormi, le rouge du ciel. Une dernière fois, les oiseaux chantent; une traînée de notes s'allume, part, court toute la lisière, puis s'éteint : un petit cri encore, et tout se tait. Alors, c'est dans la nuit, dans le brouillard de la brume, des battements d'ailes contre le bois mort, qui font le bruit de feuilles mortes. L'inconnu, le mystérieux, la terreur douteuse des formes de tout, se lève de partout. Le silence s'amasse. Des oiseaux de proie tombent, avec leur vol sourd, sur les branches des grands arbres, comme de gros flocons de neige...

Stupide et sublime — voilà tous les grands sentiments humains en deux mots.

La plus raisonnable des passions, l'avarice, est celle qui rend le plus fou.

Les souverains ne rendent officiellement visite qu'à l'argent. Ils ne vont pas chez un grand homme; ils vont chez l'homme aux millions, comme s'il était le seul digne de les recevoir. Et cela depuis trois siècles : c'est Louis XIV et Fouquet, Louis XV et Bouret, etc...

La mansarde remplacée par le sous-sol, on appelle cela le bien-être qui descend.

On voit à Saint-Denis le roi Louis-Philippe et la reine Marie-Amélie en vitrail. Les monarchies en redingote ne supportent pas la peinture sur verre.

Il y a des femmes qui ont la vertu d'un zoophyte.

———

Je lis le voyage d'un voltairien en Orient. La vilaine chose que l'esprit dans un pays poëte! Cela ressemble à un amoureux qui ferait des calembours.

———

Les natures musicales que j'ai rencontrées étaient portées au protestantisme, les natures plastiques au catholicisme.

———

Le sang est encore la meilleure encre pour écrire son nom dans la mémoire des hommes.

———

J'ai entendu dire à un médecin : L'âme est une non-valeur.

———

Il n'y a de bon que les choses exquises.

———

Les hommes aiment les jolies femmes ; les femmes aiment les beaux hommes.

———

Il y a dans l'esprit de tout homme tenant une plume une pente à mépriser le public qui le lira demain, et à respecter le public qui le lira dans dix ans.

———

L'histoire n'est pour certains historiens qu'un arsenal d'épingles.

Tout pourrit et finit sans l'art. C'est l'embaumeur de la vie morte, et rien n'a un peu d'immortalité que ce qu'il a touché, décrit, peint ou sculpté.

Par une porte de salon, entre deux épaules d'habits noirs, des figures de femmes.

L'une, une petite nymphe de Fragonard, une figurine, un petit Saxe émacié, une vraie petite porcelaine de chair toute claire, blanche et nacrée, de petits traits d'oiseau dans la plus aristocratique des maigreurs, de petites oreilles détachées, du rose d'un coquillage, des yeux scintillants, une poussière d'or pâle pour cheveux sur la tête avec des marguerites de diamants piquées partout.

L'autre, — un chignon de cheveux mordu par un peigne fait de *grecques* d'or, une nuque ronde comme un fût de colonnes ; et de là s'abattant, dans une rondeur polie de marbre, les épaules, les omoplates qui, par la pose un peu renversée de la femme, fuient et s'enfoncent dans la robe comme avec des repliements et des courbes d'ailes ; des épaules qui donnent vraiment à l'œil la caresse d'une sculpture. Un dos antique du Directoire, avec un bout de profil long. Une femme qu'on voit dans une orgie de Barras et dans un portrait de Pagnest.

Une autre, — des traits si bien découpés, si délicatement arrêtés, d'un dessin si caressé et si net, qu'ils semblent comme ciselés aux paupières ; une tête qui a la finesse et la gravure de traits des sculptures de poirier du seizième siècle et des fines têtes de poupées chinoises.

Une autre, — grande, échevelée, l'air poitrinaire et fou, qui valse, la taille ployée, presque renversée, et à chaque tournant de la valse, laisse, à demi défaillante, aller sa tête comme le visage d'une convalescente sur un oreiller : de l'ombre emplit le sourire ouvert de sa bouche, et l'on ne voit plus de ses yeux demi-fermés que le petit rond noir de la pupille.

Une autre, — un médaillon de Syracuse, une petite tête nette, le front étroit, l'arc des sourcils remontant, le petit nez droit, les yeux noirs comme des diamants noirs, la bouche vaguement ouverte dans un sourire de statue. Elle respire je ne sais quelle grâce grecque, quelle coquetterie antique, distraite, presque lointaine, et qu'on se rappelle d'un marbre d'un musée, dont sa robe au repos dessine les plis et la simplicité tombante.

Une autre, — de fines boucles de cheveux blonds semés sur le haut du front, des yeux aux ombres profondes, au blanc bleuâtre, à la prunelle veloutée; des yeux enfoncés et doucement lumineux, entre la paupière du haut vaguement éclairée comme d'une lueur de veilleuse, d'un reflet d'alcôve, et le dessous de l'œil tout caressé de nuit; des yeux qui semblent les yeux du Soir.

———

L'industrie était un art : l'art est une industrie. L'industrie n'est un art chez un peuple que lorsque l'art est une inspiration s'ignorant elle-même, courant les doigts de tout ouvrier, une chose ingénue et naïve comme une Grâce.

———

En littérature, on ne fait bien que ce qu'on a vu ou souffert.

———

Un songe qui vous donne une femme, une femme indifférente, vous laisse quelques heures, au réveil, un sentiment de reconnaissance et comme une ombre d'amour pour cette femme.

———

Un abominable enseignement de l'histoire, c'est que la clémence est le ridicule des révolutions.

———

La beauté du visage ancien était la beauté de ses lignes : la beauté du visage moderne est la physionomie de sa passion. Nous avons de beaux monstres comme Lekain, Mirabeau.

La médisance est encore le plus grand lien des sociétés.

L'homme a inventé bien des choses. Il existe des cours d'Allemagne où les rhumes de cerveau sont défendus comme un manque de respect pour le souverain : cela a fait trouver dans ces cours un secret pour s'empêcher d'éternuer, une certaine façon de se pincer un certain cartilage du nez, que les douairières confient, sur leur lit de mort, à leur famille.

Le monde est généralement représenté comme un théâtre et un lieu d'action. C'est bien plutôt une halte et un repos des activités vitales et amoureuses dans la musique, dans la compagnie, dans les banalités de la politesse et des mots.

Tout va au peuple et s'en va des rois, jusqu'à l'intérêt des livres qui descend des infortunes royales aux infortunes privées, de Priam à Biroteau.

Une jeune femme, après son mariage, disait à un de ses cousins : — C'est singulier, Paul, tu fumes le cigare, mon mari fume la pipe, il ne sent pas le tabac, et tu empestes, toi. Un an après, la même femme disait à

son mari : — Tiens! pourquoi ne fumes-tu
pas des cigares comme mon cousin? Il ne
sent rien, lui...

———

La campagne, dans l'antiquité, n'était ni
une mère, ni une sœur, ni une consolation,
ni une compagnie du cœur. Elle n'était pas,
comme pour nous, l'élégie de la Nature, ce
pays romanesque, cette patrie de rêverie,
teinte du panthéisme d'un dimanche de
bourgeois. Elle était un repos, un déliement
des affaires, une excuse de paresse, l'endroit
où la conversation échappait aux choses de
la vie et de la ville, ou la pensée prenait sa
récréation : la campagne était le salon d'été
de l'âme d'Horace.

Les études télescopiques ou microscopiques de ce temps-ci, le creusement de l'infiniment grand ou de l'infiniment petit, la science de l'étoile ou du microzoaire, aboutissent pour moi au même infini de tristesse. Cela mène la pensée de l'homme à quelque chose de plus triste pour lui que la mort, à une conviction du rien qu'il est, même vivant.

Il y a des livres qui meublent. Ce sont ceux qu'on vend le plus et qu'on lit le moins.

Habiles gens, ces philosophes académiques du dix-huitième siècle, les Suard, les Morellet, plats, serviles, rentés par les seigneurs, à peu près entretenus de pensions par des grandes dames, avec, aux jambes, les culottes de madame Geoffrin. Ces âmes d'hommes de lettres-là font tache dans ce libre dix-huitième siècle par la bassesse sourde du caractère sous la hauteur des mots et l'orgueil des idées. Le monde de l'art, au contraire, contient les nobles âmes, les âmes mélancoliques, les âmes désespérées, les âmes fières et gouailleuses, — comme Watteau qui échappe aux amitiés des grands et parle de l'hôpital ainsi que d'un refuge; comme Lemoyne qui se suicide; comme Gabriel de Saint-Aubin qui boude l'officiel, les Académies, et suit son génie dans la rue; comme Lebas qui met son honneur d'artiste sous la garde de la blague moderne. Aujourd'hui nous avons changé cela : ce sont les lettres qui ont pris cette libre misanthropie de l'art.

Ce sont chez l'homme deux grands glas de la mort de la jeunesse, que le dégoût des sauces de restaurant et le rêve d'une maison de campagne.

———

Le peuple se promène au cimetière et fait des visites à l'hôpital.

———

Le grain de folie d'un dada est le sel de la vie.

———

La civilisation va de l'Orient, du Midi au Nord. Il semble que le pouls du globe remonte.

———

Tous les mariages aujourd'hui se font sous le régime dotal. Les parents veulent bien livrer au mari le corps, la santé, le bonheur d'une fille, toute sa femme, — sauf sa fortune.

Les mots! les mots! On a brûlé au nom de la charité, on a guillotiné au nom de la fraternité. Sur le théâtre des choses humaines, l'affiche est presque toujours le contraire de la pièce.

Les assemblées, les compagnies, les sociétés, peuvent toujours moins qu'un homme. Toutes les grandes choses de la pensée, du travail, sont faites par l'effort individuel, aussi bien que toutes les grandes choses de la volonté. Le voyageur réussit là où les expéditions échouent; et ce sont toujours des explorateurs solitaires, un Caillé, un Barth, un Livingstone, qui conquièrent l'inconnu de la terre.

Devant de certaines gloires présentes, je pense qu'en ce temps-ci c'est la mâchoire d'âne qui assomme Samson.

La plus étonnante modernité étonne et charme dans Lucien. Ce Grec de la fin de la Grèce et du crépuscule de l'Olympe est notre contemporain par l'âme et l'esprit. Son ironie d'Athènes commence la « blague » de Paris. Ses Dialogues des courtisanes semblent nos tableaux de mœurs. Son dilettantisme d'art et de scepticisme se retrouve dans la pensée d'aujourd'hui. La Thessalie de Smarra, la patrie nouvelle du fantastique, s'ouvrent devant son âne. Son style même a l'accent du nôtre. Le boulevard pourrait entendre les voix qu'il fait parler sous la Lesché. Un écho de son rire rit encore, sur nos tréteaux, contre le ciel des dieux... Lucien ! en le lisant, il me semble lire le grand-père de Henri Heine : des mots même du Grec reviennent dans l'Allemand, et tous deux ont vu, aux femmes, des yeux de violettes.

L'excès en tout est la vertu de la femme.

Quand la nature veut faire la volonté chez un homme, elle lui donne le tempérament de la volonté : elle le fait bilieux, elle l'arme de la dent, de l'estomac, de l'appareil dévorant de la nutrition qui ne laisse pas chômer un instant l'activité de la machine ; et sur cette prédominance du système nutritif, elle bâtit, au dedans de cet homme, un positivisme inébranlable aux secousses d'imagination du nerveux, aux chocs de la passion du sanguin.

Dans l'histoire du monde, c'est encore l'absurde qui a eu le plus de martyrs.

L'avarice des gens très-riches de ce temps a inventé une très-jolie hypocrisie, la simplicité des goûts. Les millionnaires se trouvent des notes attendries dans la voix pour parler du bonheur de dîner au bouillon Duval et de porter des sabots à la campagne.

Il me semble voir dans une pharmacie homœopathique le protestantisme de la médecine.

Un Italien résumait ainsi les supériorités de la France : le Vin et l'Armée.

Combien d'hommes meurent dans un homme avant sa mort !

Lu toute la journée du Tribunal révolutionnaire. Penser que Carrier a pu faire massacrer des milliers de personnes qui avaient des pères, des frères, des fils, des

maris, sans qu'aucun de ceux qui restaient aient seulement essayé de le tuer! C'est triste pour l'énergie des affections humaines.
— Chose singulière! Dans le seul grand assassinat de bourreau du temps, un assassinat de main de femme, c'est la tête, et non le cœur, qui a mené la main.

Il existe des cuistres badins.

Une femme disait à un de ses amis pour s'excuser de ses amants : Qu'est-ce que vous voulez que je fasse quand il pleut et que je m'ennuie?

Le péril, le grand péril de la société moderne est l'instruction. Toute mère du peuple veut donner, et à force de se saigner aux quatre veines, donne à ses enfants l'éducation qu'elle n'a pas eue, l'orthographe qu'elle ne sait pas. De cette folie générale, de cette manie partout répandue dans le bas de la société de jeter ses enfants pardessus soi, de les porter au-dessus de son niveau comme on porte les enfants au feu d'artifice, il s'élève une France de plumitifs, d'hommes de lettres et de bureau, une France où l'ouvrier ne sortant plus de l'ouvrier, le laboureur du laboureur, il n'y aura bientôt plus de bras pour les gros ouvrages d'une patrie.

En France, la femme se perd bien plus

par le romanesque que par l'obscénité de ce qu'elle lit.

———

Posséder et créer — les deux vives passions de l'homme; et c'est toute la propriété.

———

Le jour s'éteint. Un certain bleuissement blanchâtre, pareil à une pâleur de lune, commence à glisser sur les dalles du quai. Une lumière, n'ayant plus de soleil et n'étant plus que du jour mort, laisse paraître, dans des tons froids et dépouillés, la tristesse et la platitude des maisons sales, des façades grises, où un petit triangle d'ombre vient se poser régulièrement en haut de chaque fenêtre. Le ciel est devenu d'un bleu sourd, d'un bleu de linge, mettant comme un reflet déteint sur le luisant des parapets polis par la main du passant, et sur les romans à quatre sous dans la boîte du bouquiniste. L'eau de la Seine va, une eau qui paraît ne pas aller; elle est d'un vert décoloré, du vert neutre qu'ont les eaux aveugles dans un souterrain. Là-dedans, un peu de rose tombe d'une arche de pont rouillée, et une ombre se noie, une grande ombre descendue du haut de Notre-Dame comme un grand manteau dégrafé qui glisserait par derrière. Dans les petites rues du quai à gauche, la nuit semble sortir de terre, des pavés, des devantures de boutiques sombres, monte dans les jambes de ceux qui vont, et ne laisse de couleur que le bleu d'une blouse, le linge d'un bonnet : en haut de la rue, une petite fumée rousse coupe la lanterne du Panthéon en blanchissant dessus. De l'autre côté, les murs de l'Hôtel-Dieu, les redoutables soubassements de pierres, comme troués de bouches de nécropole, s'assombrissent de tons gris de cendres calcinées; et derrière le treillis vert du promenoir, on ne distingue plus, dans le crépuscule tombant, que le blanc du bonnet de coton d'un malade. Des points de lumière de voitures piquent et sillonnent au loin l'horizon ; sur les ponts, les gens ne sont plus que des silhouettes, des virgules noires, des espèces de fourmis tout là-bas. Au-dessus de l'eau d'étain, la perspective des deux quais se rejoint et se perd dans un brouillard de pierre, dans une fumée de toits. Le gaz tout à coup flambe chez un marchand de tabac, dans une détonation de feu qui jette le rouge pu magasin sur le trottoir et sur le violet du pavé. C'est la nuit de Paris qui se lève...

Je m'aperçois tristement que la littérature,

l'observation, au lieu d'émousser en moi la sensibilité, l'a étendue, raffinée, développée, mise à nu. Cette espèce de travail incessant qu'on fait sur soi, sur ses sensations, sur les mouvements de son cœur, cette autopsie perpétuelle et journalière de son être, arrive à découvrir les fibres les plus délicates, à les faire jouer de la façon la plus tressaillante. Mille ressources, mille secrets se découvrent en vous, pour souffrir. On devient, à force de s'étudier, au lieu de s'endurcir, une sorte d'écorché moral et sensitif, blessé à la moindre impression, sans défense, sans enveloppe, tout saignant.

La conversation s'est désorganisée, débandée dans la société moderne; elle s'est perdue en *aparte* dans les salons actuels, comme un fleuve en ruisseau; pourquoi? Parce que l'égalité a disparu des salons. Un gros personnage ne s'abaisse pas à parler avec un petit, un ministre avec un monsieur qui n'est pas décoré, un illustre avec un anonyme. Chacun autrefois, une fois admis dans un salon, se livrait familièrement à un voisin : aujourd'hui, chacun semble se trier dans une cohue.

L'argent est une bien grande chose qui laisse les hommes bien petits.

La vieillesse n'est pas l'éternelle figure d'expression du vieillard, et comme un masque tout fait qui va à tous. Elle a ses nuances, ses caractères, ses manières de ruine et ses degrés de mort. Elle ne fait que sculpter plus profondément les traits de ceux-ci. Elle abâtardit les traits de ceux-là. Voici des traits qu'elle a fait tomber; en voici qu'elle a émérillonnés, et où les restes de la passion sont une goguenardise. Tantôt elle sera la belle vieillesse dont l'âme semble respirer dans un sourire de grand-père; tantôt la vieillesse de l'argent, chauve, la figure fermée à clef, les lèvres rognées; tantôt encore la vieillesse de l'expérience où l'âge et la vie auront dégrossi dans les traits le fin profil de l'ironie.

Diderot, Beaumarchais, Bernardin de Saint-Pierre, c'est le grand legs du dix-huitième siècle au dix-neuvième.

Voltaire est immortel; Diderot n'est que célèbre. Pourquoi? Voltaire a enterré le poëme épique, le conte, le petit vers, et la tragédie. Diderot a inauguré le roman moderne, le drame et la critique d'art. L'un est le dernier esprit de l'ancienne France; l'autre est le premier génie de la France nouvelle.

Du haut d'un quatrième, c'est étonnant comme des hommes, une masse d'hommes, ne semblent plus des individus, des êtres humains, des semblables, du prochain; mais une espèce de troupeau, une fourmilière, une bête énorme qui grouille et qui remue. Dans la rue, vous vous sentez coudoyer l'âme par le passant; de là-haut, votre pensée lui marche sur la tête comme sur quelque chose d'anonyme, d'impersonnel, d'inconnu, d'étranger qui est en bas, là-dessous. L'optique du trône doit être cela.

Peut-être faut-il mentir aux femmes pour qu'elles vous croient.

Avez-vous vu cette planche de Goya, terrible comme une épouvante rencontrée la nuit, par un clair de lune, au coin d'un bois : un homme empalé à une branche d'arbre, nu, saignant, les pieds contractés de souffrance, l'agonie de sa torture sur la face et dans le hérissement des cheveux, le bras coupé net, cassé comme un bras de statue?... Et puis, tournez la feuille : des bouches qui crachent la vie, des mourants vomissant le sang sur des cadavres, l'Espagne mendiant, les pieds dans la voirie d'une ambulance... Le génie de l'horreur, c'est le génie de l'Espagne. Il y a de la torture, de l'inquisition presque, dans ces planches de son dernier grand peintre. Son eau-forte brûle l'ennemi pour la postérité, comme autrefois l'auto-da-fé brûlait l'hérétique pour l'enfer.

———

Une façon rapide de faire son chemin est de monter derrière les succès. A ce métier-là, on est bien un peu crotté; on risque bien d'attraper quelques coups de fouet; mais on arrive, comme les domestiques, à l'antichambre.

———

Nos traits ne nous ressemblent pas tous les

jours. Voyez plusieurs photographies d'une personne : vous ne reconnaîtrez pas la même personne.

A mesure qu'il y a civilisation, progrès, le culte des morts, le respect de la mort diminue. L'enterré n'est plus l'être sacré, voué au redoutable je ne sais quoi du par-delà le monde. La fièvre de vivre des sociétés modernes, la bataille enragée des vivants, fait de nos jours oublier les absents de l'éternité.

Les banquiers amateurs de ce temps-ci font courir des enchères, au lieu de faire courir des chevaux, sur n'importe quoi, sur une porcelaine, une toile, un morceau de papier. Ce qu'ils font en achetant? Ils parient seulement qu'ils sont plus riches les uns que les autres.

Lire les auteurs anciens. quelques centaines de volumes, en tirer des notes sur des cartes, faire un livre sur la façon dont les Romains se chaussaient ou annoter une inscription, — cela s'appelle l'érudition. On est un savant avec cela. On est de l'Institut, on est sérieux, on a tout. Mais prenez un siècle près du nôtre, un siècle immense, brassez une mer de documents, trente mille brochures, deux mille journaux, tirez de tout cela non une monographie, mais le tableau d'une société, vous ne serez rien qu'un aimable fureteur, un joli curieux, un gentil indiscret. Il se passera encore du temps avant que le public français ait de la considération pour l'histoire qui intéresse.

Le pas d'un mendiant auquel on n'a pas donné et qui s'en va, vous laisse son bruit mourant dans le cœur.

———

Une courtisane de ce temps-ci s'est laissé accoster par la Fortune comme par un passant, — quelqu'un qui monte, qu'on accepte, qui s'en va et qu'on oublie.

———

Les masques à la longue collent à la peau. L'hypocrisie finit par être de bonne foi.

———

Nos souverains nous résument, nous signifient et nous valent. Henri IV est un roi par la grâce du Dieu des bonnes gens. François Ier va de Rabelais aux Contes de la reine de Navarre : c'est le paladin des paillards. Louis XIV est le Prudhomme héroïque de la Royauté. Louis XV est splénétique, libertin et persifleur. Napoléon, c'est notre maîtresse : c'est la Gloire. Louis XVIII est un voltairien qui cite Horace. Tous les caractères, tous les goûts, toutes les passions, tous les signes de race de la France ont eu leurs types dans ces médailles : ce sont les monnaies frappées au coin du caractère national.

Quelques hommes montrent tout ce que la volonté peut donner de talent et tout ce que la patience peut prêter de génie.

Sept heures du soir. Le ciel est bleu pâle, d'un bleu presque vert, comme si une émeraude y était fondue; là-dessus marchent doucement, d'une marche harmonieuse et lente, des masses de petits nuages balayés, ouateux et déchirés, d'un violet aussi tendre que des fumées dans un soleil qui se couche; quelques-unes de leurs cimes sont roses, comme des hauts de glaciers, d'un rose de lumière. Devant moi, sur la rive en face, des lignes d'arbres, à la verdure jaune et chaude encore de soleil, trempent et baignent dans la chaleur et la poussière des tons du soir, dans ces glacis d'or qui enveloppent la terre avant le crépuscule. Dans l'eau, ridée par une botte de paille qu'un homme trempe au lavoir pour lier l'avoine, les joncs, les arbres, le ciel, se reflètent avec des solidités denses, et sous la dernière arche du vieux pont, près de moi, de l'arc de son ombre, se détache la moitié d'une vache rousse, lente à boire, et qui, quand elle a bu, relevant son mufle blanc bavant de fils d'eau, regarde.

Le matin, le frôlement des voitures de foin contre les murs met dans votre demi-sommeil l'impression et le bruit d'une femme qui, assise au pied de votre lit, passerait des bas de soie.

La sœur de l'aubergiste s'est mariée aujourd'hui. Elle a mené les bêtes aux champs ce matin. Il semble qu'ici pour les paysans il y ait moins de solennité à se marier qu'à faire couvrir une vache. A deux heures, j'ai vu, arrivant de huit lieues de pays, en carriole, une bande de parents mâles et femelles : cela s'est éparpillé dans le jardin ; c'était horrible dans la verdure, comme une noce de Labiche dans un tableau de Courbet. Les femmes ressemblaient à des monstres en pain d'épice en bonnet blanc. L'une avait un goître comme la tête suspendu dans un mouchoir à carreaux. A quatre heures j'ai vu dans la cuisine le marié habillé en drap, qui se débattait désespérément, sans pouvoir y entrer, avec une paire de gants noisette, d'au moins dix trois quarts. Puis sont venus d'autres parents en habits de 1814 : j'ai cru voir une bande de gorilles grandis dans leurs habits de première communion. On est revenu des formalités : ici il n'y a pas de messe. La mariée en blanc, ses gants blancs éclatés à tous les doigts, avait l'air, attendrie et hâlée, d'un macaron qui pleure.

Paris — le véritable climat de l'activité de la cervelle humaine.

Certaines *charges* de ce temps-ci sont des cauchemars d'observations. Ce genre d'imitation qui entre dans la peau d'une bêtise ou d'une crapulerie, cette vérité prise sur le cru, ces idiotismes du peuple, cette lanterne magique des cancans populaires, — c'est un des sens les plus propres, les plus personnels à notre siècle. Il règne, dans ce temps, une fureur impitoyable de vérité qui éclate, avec ses caractères les plus frappants, dans ces drôleries à froid, dans ce déshabillé sans pudeur de la basse humanité du dix-neuvième siècle. C'est une horrible dissection de génie, faite avec un cynisme qui ne laisse rien d'une société sans y toucher, et qui ferait frémir si elle ne violait le rire.

Dessins bien bêtes, bien niais, mais frappants et saisissants, ces scènes de 1814 par Delécluze. Imaginez quelque chose de dramatique comme les journées de Juin dessinées au tire-ligne et lavées timidement par un élève d'architecture. C'est froid, glacial, et cependant éloquent. Dans un défilé de blessés sur le boulevard, il y a un cavalier en manteau blanc, le visage entièrement enveloppé dans son mouchoir : le cheval marche d'instinct, un peu de sang perce le mouchoir, goutte sur le manteau. Ce blessé voilé, cette blessure masquée, ce spectre sans traits, sans yeux, saignant sous le linge et droit en selle, — cela reste. Il semble voir le Devoir à cheval.

J'ai entendu une mère dire à une femme :

— Comme vous êtes bien mise! Vous n'avez pas d'enfant?

Le manque de rapport entre le revenu et la dépense de la vie actuelle doit amener fatalement le viager de la fortune, de la rente, de l'argent. Ce sera peut-être la révolution naturelle de la propriété, de l'héritage et de la famille.

Il faut plus que du goût, il faut un caractère pour apprécier une chose d'art. L'indépendance des idées est nécessaire à l'indépendance de l'admiration.

Quand le passé religieux et politique sera entièrement détruit, peut-être commencera-t-on à juger le passé littéraire.

———

La vie est hostile à tous ceux qui ne suivent pas le grand chemin de la vie, à tous ceux qui ne rentrent pas dans les cadres de la grosse armée régulière, à tous ceux qui ne sont ni fonctionnaires, ni bureaucrates, ni marchands, ni mariés, ni pères de famille. A chaque pas qu'ils font, toutes sortes de grandes et petites choses tombent sur eux comme les peines afflictives d'une grande loi de conservation de la société.

———

L'antiquité a peut-être été faite pour être le pain des professeurs.

Que de papier, mon Dieu! griffonné, paraphé, pour une mort de pauvre, que de passe-ports pour une âme!... Du bureau à côté, un homme s'est élancé joyeux, empressé, exsultant, sur l'almanach accroché au mur pour voir le saint du jour et en donner le nom à son enfant. En passant, il a frôlé d'une basque de redingote le papier où l'on inscrivait la morte.

Pour nous faire accepter la vie, la Providence a été forcée de nous en retirer la moitié. Sans le sommeil, qui est la mort temporaire du chagrin et de la souffrance, l'homme ne patienterait pas jusqu'à la mort.

———

Il y a des convenances dont le manque choque plus chez une femme qu'un manque de vertu. Les femmes relèvent encore plus de la société que de la morale.

———

Les idolâtries populaires! Sait-on combien Marat mort a eu d'autels et de tombeaux? — Quarante-quatre mille!

———

C'est le paradis moderne pour le peuple que ces pièces à grand spectacle du boulevard. Ce que la cathédrale gothique avec ses pompes et ses richesses était à l'imagination du moyen âge, le *truc* l'est au rêve du titi. Au ciel du faubourg Antoine, le corps de ballet remplace les Anges et les Dominations.

———

Après tout, ces filles ne me sont point déplaisantes : elles tranchent sur la monotonie, la correction, l'ordre de la société, sur la sagesse et la règle. Elles mettent un peu de folie dans le monde, elles soufflettent le billet de banque sur les deux joues; elles sont le Caprice lâché, nu, libre et vainqueur dans le monde des notaires et des épiciers de morale à faux poids.

———

L'enfant n'est pas méchant à l'homme, il est méchant aux animaux. L'homme, en vieillissant, devient misanthrope et charitable à la nature.

———

Le corps humain n'a pas l'immutabilité qu'il semble avoir. Les sociétés, les civilisations retravaillent la statue de sa nudité. La femme qu'a peinte l'anthropographe Cranach, la femme de Parmesan et de Goujon, la femme de Boucher et de Coustou, sont trois âges et trois natures de la femme. La première, ébauchée, dessinée dans le carré du contour, mal équarrie dans la ferme petite maigreur gothique, est la femme du moyen âge. La seconde, dégagée, allongée, fluette dans sa grandeur élancée, avec des tournants et des rondissements d'arabesques, des extrémités arborescentes à la Daphné, est la femme de la Renaissance. La dernière, petite, grassouillette, caillette, toute cardée de fossettes, est la femme du dix-huitième siècle.

———

Il semble que le matin à la campagne il y ait de l'air neuf.

———

A cent pas de moi, bruit vaguement, doucement, comme une cascade qui s'endort, la vanne du moulin; dans le bois, qui trempe ses feuilles à l'eau, des oiseaux chantent, et sur l'autre bord, comme des musiciens qui se répondent des deux rives, d'autres oiseaux crient dans les joncs croisant leurs sabres verts; au bas des arbres, les branches frissonnent, tandis que leur tête ondule imperceptiblement. Les joncs piqués et tachés d'iris jaunes, les arbres, les feuilles, le ciel bleu, les nuages blancs qui nagent comme des ventres de cygne, tout se mire et tremble en reflets dérangés par une moire de lumière : l'eau qui va roule la gaieté des choses, la splendeur claire du beau temps, avec la tache rapide du vol d'un oiseau heureux de vivre.

———

Ce soir, au bord de l'eau, la crécelle lointaine des *reinettes;* par instants, le cri guttural du *tire-arrache* dans les roseaux; un poisson qui saute, des arbres qui font dans le ciel une ombre mouillée comme dans l'eau; et dans toute cette nature, la paix de la nuit, de l'eau, et de la mort... Je reste là jusqu'à onze heures : le goût de la campagne, à certains moments, chez l'homme, est le besoin de mourir un peu.

———

A l'ombre, sur l'eau, un jardin fermé par une haie de roseaux à la Fragonard, levant leurs lances d'où retombent si élégamment les feuilles; dans l'entrelac des joncs, des iris tranchant sur le vert; devant, les larges feuilles, en assiette, des nénuphars offrant et présentant, comme des tasses sur des soucoupes, leurs fleurs étincelantes de blanc frais à cœur jaune, reflétées dans l'eau tremblante, lucide, sombre, et qui dort... J'adore ces plantes, ces fleurs de l'eau. L'eau me semble rouler la flore de l'Orient, et l'Orient même. Le roseau, le nénuphar, me font penser à la porcelaine de Chine; ces fleurs blanches, au papier de riz de Canton. Il y a de l'Asie pour moi au bord de toute rivière.

Au fond, l'humanité, — et c'est là son honneur, — est un grand Don Quichotte. Il y a bien à côté d'elle Sancho qui est la Raison, le Bon Sens, mais elle le laisse presque toujours, sur son âne, à quelques pas en arrière. Les plus grands efforts, les plus grands sacrifices de l'humanité ont été faits pour des questions idéales. Le grand exemple de cela, c'est le tombeau du Christ — rien qu'une idée — pour lequel le monde s'est remué encore hier.

Le mariage est la croix d'honneur des filles.

Toute discussion politique revient à ceci : Je suis meilleur que vous. Toute discussion littéraire à ceci : J'ai plus de goût que vous. Toute discussion artistique à ceci : Je vois mieux que vous. Toute discussion musicale à ceci : J'ai plus d'oreille que vous.

Le tabac, une providence dans un siècle d'activité, de fébrilité, de prodigieuse production ; c'est le laudanum du système nerveux.

Des cris pendant le dîner : c'est une bande de Bohémiens en dispute avec des paysans qui les ont amenés ici dans trois voitures de saltimbanques. Des bras qui s'agitent, un impresario énorme qui veut mettre la paix avec un patois des Pyramides, des femmes qui ont leurs marmots chargés sur le dos, des mères furieuses dont on a manqué d'écraser les enfants, et dont les colères gesticulantes, mimées, farouches, mêlent des phrases de sang à des malédictions du désert; un jeune de la troupe en maillot, dont le dos saigne, près d'un brancard, comme d'un soleil de sang, — la scène était poignante, mystérieuse, grandie par la nuit. Un maire est venu, en blouse, lequel, naturellement, au nom de la civilisation, a donné raison aux gens du pays et défendu la représentation que la troupe s'apprêtait à donner dans une grange. Tout s'est remballé, en criant. On a attelé les maigres petits chevaux; les deux voitures se sont ébranlées, et le roulant magasin des accessoires s'en est allé, les suivant, avec sa grande fenêtre rouge flambante comme d'un feu d'enfer et d'une cuisine d'Altothas, pareil à un œil rouge dans la nuit des routes vicinales... Comme je revenais, j'avais encore dans la mémoire des yeux une des Bohémiennes, la tête d'une Vierge de grand chemin.

Le tourment de l'homme de pensée est d'aspirer au Beau, sans avoir jamais une conscience fixe et certaine de l'absolu du Beau.

Le seul progrès de l'humanité par les révolutions religieuses, sociales, politiques, — c'est la dématérialisation de l'individu. L'humanité ne s'élève que comme l'arbre : elle commence par être racine, toute enveloppée de terre et de matière; elle finit par être quelque chose comme la branche, balancée, montant dans l'air, cherchant le ciel, buvant au nuage.

Comme ce temps d'Henri IV semble le fils d'un père prodigue! Les grandes folies, les grandes dépenses, les grandes magnificences intérieures du temps de François Ier sont remplacées par des appartements sobres, des châteaux rigoureux, des salles nécessiteuses, des chambres à faire des comptes, des Bastilles de bourgeois serrés, comme Villebon. Cela semble le palais de l'Économie, que ce château où est mort l'auteur des *OEconomies royales.*

J'ai toujours rêvé ceci, — et ceci ne m'arrivera jamais. Je voudrais, la nuit, entrer par une petite porte que je vois, à serrure rouillée, collée, cachée dans un mur; je voudrais entrer dans un parc que je ne connaîtrais pas, petit, étroit, mystérieux; peu ou point de lune; un petit pavillon; dedans, une femme que je n'aurais jamais vue et qui ressemblerait à un portrait que j'aurais vu; un souper froid, point d'embarras, une causerie où l'on ne parlerait d'aucune des choses du moment, ni de l'année présente, un sourire de Belle au bois dormant, point de domestique... Et s'en aller, sans rien savoir, comme d'un bonheur où l'on a été mené les yeux bandés, et ne pas même chercher la femme, la maison, la porte, parce qu'il faut être discret avec un rêve... Mais jamais, jamais cela ne m'arrivera. Et cette idée me rend triste.

L'image du monde dans le *Nirvana* de l'Inde : un zéro qui se mord la queue.

Aujourd'hui, les étourdis font leur chemin; les fous sont pleins de raison. Ils me font penser à ce magasin qui avait pour enseigne : *Au Carnaval de Venise*; — on y vendait des bonnets de coton.

Par ces années-ci, une valeur plus réelle et plus réalisable que la terre, que la maison, que la rente, est une valeur de caprice et de fantaisie : l'objet d'art.

Rien de charmant comme l'ancien cachemire, la volupté honnête qui se drape et se cache. Toutes les modes actuelles, avec leur tapage, me semblent habiller la femme de scandale : le cachemire me paraît envelopper le mystère et le secret de la femme du monde qui sort de chez son mari.

En lisant Victor Hugo, il me semble voir une séparation, un abîme de distance entre l'artiste et le public de nos jours. Dans les autres siècles, un homme comme Molière n'était que la pensée de son public. Il était pour ainsi dire de plain-pied avec lui. Aujourd'hui, les grands hommes sont plus haut et le public est plus bas.

Les formes les plus distinguées et les goûts les plus populaciers peuvent s'accorder chez la femme; chez l'homme, non.

Qui regarde au Cirque cette jolie chose : les enfants avec leur bouche ouverte de surprise et d'attention, montrant le blanc de leurs petites dents d'en haut, les yeux grands ouverts et clignant de temps en temps de la fatigue de regarder, le front creusé de deux ombres au-dessus des sourcils par la contraction de l'attention, le haut des oreilles rouges contre le blond d'or pâle de leurs cheveux?

La musique est ce qui enlève le plus la femme au-dessus de la vie, ce qui lui donne le plus de dégoût pour le rationnel et l'existant; peut-être est-ce ce qu'on devrait le moins lui apprendre, car c'est lui créer un sens d'aspiration à ce qui n'est pas.

Un livre n'est jamais un chef-d'œuvre : il le devient. Le génie est le talent d'un homme mort.

J'ai vu l'autre jour, en passant rue Taitbout, de terribles aquarelles de Daumier. Cela représente des panathénées de judicature, des rencontres d'avocats, des défilés de juges, sur des fonds sombres, dans des endroits gris, éclairés du jour d'un cabinet de juge d'instruction, de la lumière grise d'un corridor de palais de justice. C'est lavé avec une eau d'encre sinistre et des noirs funèbres. Les têtes sont affreuses, avec des grimaces, des jovialités qui font peur. Ces hommes noirs ont je ne sais quelle laideur d'horribles masques antiques dans un greffe. Les avoués souriants prennent un air de corybantes : il y a du faune dans les avocats macabres.

L'imagination n'est jamais qu'un rêve rationnel. Il lui manque toujours, dans l'invention des êtres et des faits, l'illogisme du vrai, de la vie.

———

..... La diminution de la sensibilité et la progression de l'activité, voilà ce que doit apporter l'avenir... — Oui, ai-je répondu, seulement il y a un malheur et une objection : depuis que l'humanité va, son progrès, ses acquisitions sont toutes de sensibilité ; elle se nervosifie, s'hystérise, pour ainsi dire, chaque jour ; et, quant à cette activité dont vous souhaitez le développement, savez-vous si ce n'est pas de là que découle la mélancolie moderne? Savez-vous si la tristesse anémique de ce siècle-ci ne vient pas de l'excès de son action, de son prodigieux effort, de son travail furieux, de ses forces cérébrales tendues à se rompre, de la débauche de sa production et de sa pensée dans tous les ordres?

Ne jamais parler de soi aux autres et leur parler toujours d'eux-mêmes, c'est tout l'art de plaire. Chacun le sait et tout le monde l'oublie.

On pourait définir l'orgueil, cette vanité qui empêche de faire des choses basses.

L'amour moderne, ce n'est plus l'amour sain, presque hygiénique du bon temps. Nous avons bâti sur la femme comme un idéal de toutes nos aspirations. Elle est pour nous le nid et l'autel de toutes sortes de sensations douloureuses, aiguës, poignantes, délirantes. En elle et par elle, nous voulons satisfaire l'effréné et l'insatiable qui est en nous. Nous ne savons plus tout bêtement et simplement être heureux avec une femme.

Fournisseur de rébus pour assiettes, — c'est un état à Paris.

En Écosse, le dimanche, dans la campagne, il vous arrive de voir un Monsieur qui se promène ouvrir tout à coup quelque chose qu'il a sous le bras : c'est une chaire à prêcher sur laquelle il monte et prêche. Les œuvres, les livres, les romans, où les sermons sortent du paysage, me font revoir ce Monsieur-là.

C'est de l'insolence à un sot d'être misanthrope.

Une belle ou jolie chose semble triste chez un vieillard comme la jeunesse de sa femme.

Si l'on savait ce que coûtent les bonheurs de la vie, personne ne voudrait les acheter.

J'ai remarqué que, dans tous les endroits où il y a de vieux monuments d'histoire, il y a de plus vieilles gens qu'ailleurs : les centenaires s'abritent aux vieilles pierres.

L'esprit le plus parisien qu'ait eu la France est l'esprit français des étrangers : de Galiani, du prince de Ligne, d'Henri Heine.

Tout homme d'intelligence qui cesse de vivre avec ses semblables risque de devenir fou, s'il ne l'est déjà. La pensée, qui s'abstrait de la circulation universelle, croupit et se gâte.

Entré dans une synagogue. Cela fait l'effet d'entrer dans une religion, à Amsterdam. Une odeur de Rembrandt et d'Orient. L'apparence d'une religion heureuse. Une sorte de familiarité avec Dieu. La prière, dans la religion catholique, a toujours l'air de demander pardon d'un crime : ici, on cause, on se repose; on est comme dans un café de la Foi.

———

La maladie sensibilise l'homme pour l'observation comme une plaque de photographie.

———

Comme le passé s'évapore ! Il arrive un moment dans la vie où, comme dans les exhumations, on pourrait ramasser les restes de ses souvenirs et de ses amis dans une toute petite bière, dans un bien petit coin de mémoire.

Les ballons, à force de monter, trouvent un ciel noir. C'est à ce ciel que la science finira par arriver.

Il n'y a que Paris pour oser ces cynismes de la parenté et ces avarices de la richesse : une famille riche ensevelissant un mort dans un costume de Pierrot. Une sœur de Saint-Augustin a vu cela.

Je ne sais quoi de bas et de faux se remarque assez souvent chez les enfants qui ne sont pas les fils de leurs pères. On dirait que le mensonge, dont leur mère a été obligée d'envelopper sa faute, leur est descendu dans l'âme.

Il y a des envieux qui paraissent tellement accablés de votre bonheur, qu'ils vous inspirent presque la velléité de les plaindre.

Le cœur est une chose qui ne naît pas avec l'homme. L'enfant ne sait pas ce que c'est. C'est un organe que l'homme doit à la vie. L'enfant n'est que lui, ne voit que lui, n'aime que lui, et ne souffre que lui : c'est le plus énorme, le plus innocent et le plus angélique des égoïstes.

Le charme des livres de Michelet, c'est qu'ils ont l'air de livres écrits à la main. Ils n'ont pas la banalité, l'impersonnalité de l'imprimé : ils sont comme l'autographe d'une pensée.

———

Il est bien rare qu'on se dévoue gratuitement à spiritualiser ses semblables. On démêle presque toujours, au fond des théories du Beau, du Bien, de l'Idéal, une aspiration à une place, à une chaire, à un bon logement.

———

Au Musée, à Leyde, on a mis contre une fenêtre deux momies démaillotées, deux momies d'enfants : elles regardent éternellement par les carreaux, un canal de Hollande, des feuilles mortes sur une eau morte, un ciel gris, un soleil jaune, des briques noires, des arbres noirs. C'est impie, ces deux enfants du soleil posés là, pour toujours, contre un Pierre de Hooghe. Ils m'ont fait penser à ces pauvres grands poëtes nostalgiques, expatriés du ciel de leur rêve, et exilés dans la vie, comme ces momies dans la mort, devant un perpétuel paysage morne.

En peinture, il y a toujours une espèce de déconsidération pour le peintre de tempérament, de nature, de génie. La solide estime est réservée aux peintres qui n'étaient pas nés pour l'être.

Aussitôt qu'il y a l'école de quelque chose, ce quelque chose n'est plus vivant.

Une fable me rappelle toujours ces scènes d'animaux empaillés : un duel de grenouilles, une guenon à sa toilette, — qui sont chez les naturalistes.

Je me promène sur les boulevards extérieurs élargis par la suppression du chemin de ronde. L'aspect est tout changé, les guinguettes s'en vont. Des maisons basses avec leurs carreaux dépolis et éclairés ont l'air de *bar* de New-York. Des blouses se remuent sous la dorure de l'immense café du Delta. J'entre au bal de l'Ermitage : plus une jolie fille. Tout est pris maintenant par l'argent qui cueille tout dans sa fleur. Je m'assieds sur un banc du boulevard : dans mon dos, j'entends trois petites filles rire de la façon dont les sœurs leur font faire le signe de la croix. C'est bien le nouveau Paris.

Une jeune fille me disait qu'elle avait commencé à écrire un journal et qu'elle s'était arrêtée par peur de l'entraînement de cette causerie confidentielle avec elle-même. La femme a comme une pudeur de se voir toute et de regarder jusqu'au fond d'elle.

L'épithète *rare* — voilà la marque de l'écrivain.

Que de dramatique inédit dans ce que fait une Nuit de Paris avec l'amour, le crime et la mort!

———

La misère des idées dans les intérieurs riches arrive parfois à vous apitoyer.

———

Deux familles ayant chacune placé, sous Louis XIV, cent mille francs, l'une en terres, l'autre en rentes sur l'État, les cent mille francs en terres de l'une sont devenus aujourd'hui quatre cent mille francs, et les cent mille francs de l'autre, avec les réductions et les banqueroutes, cinq cent soixante francs.

———

L'homme est lâche dans le rêve, dans l'éveil, dans les pensées du matin, dans les idées du lit. Il est lâche dans la pose horizontale.

———

L'amour romain avait volé un soupir grec. Il s'exhalait dans cette exclamation expirante, dans ce mot ailé et palpitant sur le bord des lèvres : ψυχή

———

J'ai vu ce soir au Théâtre-Français, après le *Malade imaginaire,* ce qu'on appelle la *Cérémonie.* Cérémonie, c'est bien le mot. C'est une solennité. Rien de plus curieux : c'est antique, archaïque, presque gothique. On est reporté au temps du comique gaulois, du grand siècle, du bon goût et des pissotières dans les grands appartements de Versailles. De majestueux faisceaux de seringues marchent, comme des haches de consul, devant le rire. Les manteaux, les robes, l'hermine, les bonnets carrés des hommes et des femmes, la pourpre universitaire, le personnage du *præses,* le latin de cuisine et de latrine, les répons du *clysterium dare,* le plain-chant de Diafoirus et de Purgon, font songer à un paranymphe du Mardi-gras à la Sorbonne et à la Messe rouge d'une rentrée de cour d'apothicaires en belle humeur. J'avais beau me dire que j'étais dans la maison de Molière : je me croyais plutôt au théâtre de la Foire, — avec ou sans grande lettre. Et dans la salle, le public riait sans s'arrêter d'un rire délicat, français, national.

La mort pour certains hommes n'est pas

seulement la mort : elle est la fin du propriétaire.

L'abbé Galiani ne manquerait pas de dire, s'il revenait, devant notre temps : Je cherche un homme qui ne fasse pas carrière et profession d'aimer ses semblables, qui ne fonde pas d'hôpitaux, qui ne s'intéresse pas aux classes pauvres, qui ne s'occupe pas de donner des cachets de bain au peuple, qui ne soit pas membre d'une société protectrice de n'importe quoi, des chevaux ou du bagne, un homme qui ne se sacrifie pas à ses semblables, un homme qui ne se dévoue pas au journalisme, à la députation, à la tirade parlée ou écrite en faveur des déshérités, des malheureux, des pauvres, des souffrants, des êtres marqués de misère ou d'infamie; un homme qui ne soit pas bon, qui ne s'intéresse pas au progrès; un égoïste, oui, pour l'amour de Dieu! j'en demande un, je voudrais en voir un, un vrai, brutal, cynique, sincère!

Il y a un Beau, un Beau ennuyeux, qui ressemble à un *pensum* du Beau.

L'homme demande quelquefois la vérité à un livre; la femme lui demande toujours ses illusions.

L'infirmité du bonheur de l'homme est faite de son sentiment du passé et de l'avenir.

Son présent souffre toujours un peu du souvenir ou de l'espérance.

Demander à une œuvre d'art qu'elle serve à quelque chose, c'est avoir à peu près les idées de cet homme qui avait fait du naufrage de la Méduse un tableau à horloge et mis l'heure dans la voile.

Souvent les honnêtes femmes parlent des fautes des autres femmes comme de fautes qu'on leur aurait volées.

Quand on étudie l'embryon humain dans les grossissements de figuration en cire, et qu'on suit, de la tache embryonnaire à l'enfant, le développement de l'être, il semble que l'on voie la racine, le germe de deux arts, de l'art du Japon et de l'art du Moyen Age. Ce qui commence à baigner dans le liquide amniotique, l'embryon de quelques semaines, cette espèce de sangsue dressée sur sa queue courbe, est une vraie chimère qu'on dirait taillée dans du jade ou dans une amalgatolithe rose. Il y a de la fantaisie baroque de monstre dans cette tête, grotesque et terrible, où la forme sort d'un trou et d'une enflure, où la bouche s'ouvre dans le rinceau d'un mascaron, où les petits yeux jaillissent des tempes comme deux petites perles de verre bleu. Puis, cela devient cette espèce de petite taupe hydrocéphale, à la chair mamelonnée et tuberculeuse. Le fœtus, enfin, dessine l'être créé et le laisse apparaître : la tête n'écrase plus les membres, le corps se fonde et s'établit ; et voici à quelques mois l'enfant à peu près tel qu'il doit naître : c'est absolument un petit gothique. On le voit dans la coupe verticale de l'utérus, comme ces figures incrustées et pliées dans le cadre des médaillons d'un chœur de cathédrale du quinzième siècle. L'oppression de la pose de ces petits êtres, leur ramassement, les gestes d'instinct de l'enfance dans son premier lit, les ratatinements frileux, les croisements de bras et de jambes, les attitudes inconscientes de sommeil et de prière, cette ébauche naïve de la vie rudimentaire, cette expression de souffrance d'un corps angéliquement douloureux. N'est-ce pas le style du Moyen Age, le sentiment de cet art qu'on croirait par moments n'avoir eu pour modèle qu'un peuple de figures à demi formées et comme une race de vivants embryonnaires?

La pire des bégueuleries est celle de la corruption. Il me semble que la société présente a sur la morale un peu de la susceptibilité des coquins sur le point d'honneur.

Je savais — comme on sait dans les rêves — que j'étais quelque part dans les environs de Florence. La campagne me paraissait très-éclairée, très-âpre, très-chaude, pareille à un dur pays dantesque. Pas une vapeur, pas un voile, pas un brouillard. Des bois faisaient des taches noires sur une terre de cendres blanches; des bouquets de verdure sombre se dressaient sèchement çà et là. C'était un de ces paysages du Midi, rayonnant jusqu'au fond, qui avancent sur l'œil et marchent contre lui. Des monts d'un bleu cru collaient l'horizon sur une grande

bande d'azur. Je ne me rappelais guère
comment j'étais là. Il me semblait vaguement que j'y avais été jeté par un coup
d'éventail, que j'y étais tombé comme du
balcon d'une loge de théâtre et que les
épaules d'une statue de Jean de Bologne
m'avaient emporté dans les champs. Et puis,
tout à coup, je me trouvai dans une grande
fête, un étrange triomphe. Gonflés et jouf-
flus comme des tritons rejetant l'eau, des
éphèbes soufflaient dans des trompettes.
Des enfants soutenaient le bout des longues
buccines, et sous leurs bras, une ronde en-
fantine passait et repassait en courant et se
renouait sans trêve. Et je les voyais tous,
un à un, se baisser sous l'arche fraternelle
faite par leurs camarades. Nous allions toujours, moi avec eux, entraîné. Nous sau-
tions, je me rappelle, des haies de lierre. En
chemin, des petits garçons et des petites
filles, les cheveux volants et parsemés de

fleurs et d'épis, le dos caressé d'une écharpe
fuyante, les mains nouées aux mains d'un
seul de leurs dix doigts, enroulaient des
danses autour des oliviers. Je sentais qu'il y
avait dans l'air ému une grande joie, le frémissement d'une grande musique de luths
et de psaltérions. Une image que je me faisais de l'Écho dansait, entrevue, entre des
arbres, dans des bois de chênes-liéges où
nous passions. De temps en temps, dans la
course, un tout petit enfant ramassait une
flûte tombée derrière de petits sonneurs de
cymbale qui écoutaient le cuivre contre leur
oreille, ou en poussaient au ciel la note
inentendue. Mille petites bouches enfantines,
grandes ouvertes, paraissaient bêler un
amoureux plain-chant, le plain-chant d'un
gros livre de lutrin que portaient deux petits
chanteurs. Et je vois encore celui qui marchait en tête, un Cupidon faunin, nimbé par
le rond d'un tambourin, courant, se balan-

çant sur une jambe, riant en sautant sur une outre...

On rencontre des hommes si bassement attachés à la religion d'une mémoire célèbre qu'ils vous font l'effet de laquais d'une immortalité.

Il est bien rare qu'un écrivain qui met de la morale dans ses livres la tire de sa vie.

La religion est une partie du sexe de la femme.

Un peintre qui fait poser par un modèle de mains les mains d'un portrait, ne sait pas son métier. Rien n'appartient plus à un homme que sa main. C'est là qu'apparaît le plus nettement l'individualité de l'organisme de chacun, cette personnalité de construction qui empêche les monteurs de squelettes de jamais confondre, dans le tri de leurs matériaux, le plus petit os d'un corps avec celui d'un autre corps. Il y a la signature du caractère et la griffe du talent dans cette main de l'homme. Nerveuse, vibrante, impressionnable, elle semble, au bout du bras, une extrémité palpitante, emmanchée, embranchée à la pensée et au cœur. Comme elles vivent, comme elles parlent, comme elles sont des raccourcis de personnes qu'on devine, qu'on voit, qu'on aime, ces mains de race, cambrées, arquées et frémissantes d'harmonie, maigres, longues, irritées, voluptueuses et souffrantes, ces mains de malade et d'artiste, d'élégance capricieuse, tourmentée, presque diabolique, vraies mains de violoniste, pleines d'âme, fines, spirituelles, passionnées, frémissantes comme des cordes de guitare, les mains que Watteau seul a su peindre, sur le papier d'une feuille d'étude, avec de la sanguine et du crayon noir!

Ces femmes enfarinées de poudre de riz, blanches comme un mal blanc, avec les lèvres toutes rouges peintes au pinceau, ces femmes maquillées d'un teint de morte, le sourire saignant dans une pâleur de goule, l'œil charbonné, avivé de fièvre, avec leurs cheveux, pareils à un morceau d'astrakan, frisotants et laineux, leur mangeant le front et la pensée, avec leurs figures de folles et de malades, semblent des spectres et des bêtes du Plaisir. Elles tiennent étrangement du fantôme et de l'animal; séduction nouvelle des appétits blasés. Je les regardais, au Casino, à côté de leurs danseurs, des espèces de plumitifs malheureux, de jeunes Gringoires, des clercs en deuil avec des gilets de velours noir et un crêpe à leur chapeau : pantins sinistres! Une femme, en robe havane, dansait, la tignasse en désordre, les grands yeux écartés, une grande bouche fendue par un rire, — le rire d'une bacchante à la Salpêtrière! Elle excellait à jeter follement par-dessus elle, tout autour d'elle, les volants de son jupon, et à disparaître, en plongeant comme dans un remous de jaconas. A la pastourelle, elle a tourné sur elle, en lançant continuellement la jambe au-dessus de sa tête, et en jetant au ciel, la tête toute renversée dans son dos, un regard ivre qui blaguait... Ce n'était pas impudique, c'était blasphématoire. Toutes les horreurs de l'argot, toutes les ironies du trottoir contre l'amour, les mots qui crachent sur lui, tous les cynismes qui le salissent, — ces jambes, ce corps, cette femme, cette robe, avaient l'air de vous les dire et de vous les danser !

———

Dans les familles modernes, il n'y a plus de parenté au-dessous d'une certaine position de fortune ni au-dessus d'une certaine hauteur d'étage.

———

Se trouver, en hiver, dans un endroit ami, entre des murs familiers, au milieu de choses habituées au toucher distrait de vos doigts sur un fauteuil fait à votre corps, dans la lumière voilée de la lampe, près de la chaleur apaisée d'une cheminée qui a brûlé tout le jour, et causer là, à l'heure où l'esprit échappe au travail et se sauve de la journée; causer avec des personnes sympathiques, avec des hommes, des femmes souriant à ce que vous dites; se livrer et se détendre ; écouter et répondre ; donner son attention aux autres ou la leur prendre; les confesser ou se raconter; toucher à tout ce qu'atteint la parole; s'amuser du jour, juger le journal, remuer le passé comme si l'on tisonnait l'histoire; faire jaillir, au frottement de la contradiction adoucie d'un : *Mon cher*, l'étincelle, la flamme, ou le rire des mots; laisser gaminer un paradoxe, jouer sa raison, courir sa cervelle; regarder se mêler ou se séparer, sous la discussion, le courant des natures et des tempéraments; voir ses paroles passer sur l'expression des visages, et surprendre le nez en l'air d'une faiseuse de tapisserie; sentir son pouls s'élever comme sous une petite fièvre et l'animation légère d'un bien-être capiteux; s'échapper de soi, s'abandonner, se répandre dans ce qu'on a de spirituel, de convaincu, de tendre, de caressant ou d'indigné; jouir de cette communication électrique qui fait passer votre idée dans les idées qui vous écoutent; jouir des sympathies qui paraissent s'enlacer à vos paroles et pressent vos pensées comme avec la chaleur d'une poignée de main; s'épanouir dans cette expansion de tous et devant cette ouverture du fond de chacun; goûter ce plaisir enivrant de la fusion et de la mêlée des âmes, dans la communion des esprits : la conversation, — c'est un des meilleurs bonheurs de la vie, le seul peut-être qui la fasse tout à fait oublier, qui suspende le temps et les heures de la nuit avec son charme pur et passionnant. Et quelle joie de nature égale cette joie de société que l'homme se fait?

———

Quelquefois dans la plate fadeur des hivers de Paris, un subit désir me prend de me promener dans un vent abrutissant de bruit et de force, sous un ciel noir, au bord d'une mer jaune, sale de colère et me cinglant d'écume, près de maisons basses et comme enterrées sur la plage dans le brouillard et la nuée.

———

On sent là-dedans la banalité, l'impropriété, la chose à tous. Il y a un ordre froid, mort, une symétrie inanimée, rien ne flâne,

21.

rien ne traîne; rien ne met aux meubles la trace d'un hier à vous, un livre, une chose oubliée. Au fond, c'est nu, garni du strict nécessaire, des éléments du mobilier, sans le luxe et la distraction de la moindre inutilité; à peine une gravure au mur, pas un portrait, pas un souvenir, pas une de ces choses personnelles, pour ainsi dire, à un lieu. Les meubles ont la forme courante des ameublements à la grosse, écoulés aux Commissaires-priseurs ; ils ont les recouvrements tristes des couleurs insalissables. La cheminée n'est pas le foyer, et n'a pas de cendres. Voilà les mélancolies d'une chambre d'hôtel.

———

Cette nuit, dans mon lit, j'écoutais, dans le mur, la pendule de l'horloge de l'hôtel, et, à l'horizon, la mer qui montait. Il me semblait entendre en même temps le pouls du Temps et la respiration de l'Éternité.

FIN.

PARIS. — Impr. J. CLAYE. — A. QUANTIN et Cⁱᵉ, rue St-Benoit. — 1697

Extrait du Catalogue général de la BIBLIOTHÈQUE-CHARPENTIER

13, RUE DE GRENELLE-SAINT-GERMAIN, A PARIS

à 3 fr. 50 le volume

(Les volumes sont envoyés franco contre le prix en timbres ou mandats-poste)

LE CATALOGUE GÉNÉRAL EST ENVOYÉ FRANCO CONTRE DEMANDE AFFRANCHIE

CHOIX DE ROMANS, CONTES, NOUVELLES, ETC.

ÉMILE ZOLA

La fortune des Rougon. 5ᵉ édit. 1 v.
La curée. 5ᵉ édit............. 1 v.
Le ventre de Paris. 4ᵉ édit..... 1 v.
Contes à Ninon. — A Ninon. — Simplice. — Le carnet de danse. — Celle qui m'aime. — La fée amoureuse. — Le sang. — Les voleurs et l'âne. — Sœur des pauvres. — Aventures du grand Sidoine et du petit Médéric............. 1 v.
La conquête de Plassans. 3ᵉ éd. 1 v.
La faute de l'abbé Mouret. 4ᵉ éd. 1 v.
Son Exc. Eugène Rougon. 4ᵉ éd. 1 v.
Nouveaux Contes à Ninon. — Un bain. — Les fraises. — Le grand Michel. — Les épaules de la marquise. — Mon voisin Jacques. — Le paradis des chats. — Hili. — Le forgeron. — Le petit village. — Souvenirs. — Les quatre journées de Jean Gourdon. 1 v.

ANDRÉ THEURIET

Mademoiselle Guignon........ 1 v. | La fortune d'Angèle.......... 1 v.
Le mariage de Gérard. — Une Ondine............ 1 vol.

ALPHONSE DAUDET

Contes du lundi. Nouvelle édition considérablement augmentée........ 1 v. | Les amoureuses. — Poëmes et fantaisies.......... 1 v.
Fromont jeune et Risler aîné. 15ᵉ édition.......... 1 vol.
Ouvrage couronné par l'Académie française.

CHAMPFLEURY

Les amoureux de Ste-Périne. 1 v. | La comédie académique...... 1 v.
Les aventures de Mˡˡᵉ Mariette. 1 v. | Monsieur de Boisdhyver...... 1 v.
Madame Eugénio............ 1 v. | La Pasquette................ 1 v.

Chacun de ces ouvrages forme un volume in-18 à 3 fr. 50 c., et est envoyé *franco*, par retour du courrier, contre le prix en timbres ou mandats-poste.

Paris. — Imp. Viéville et Capiomont, rue des Poitevins, 6.

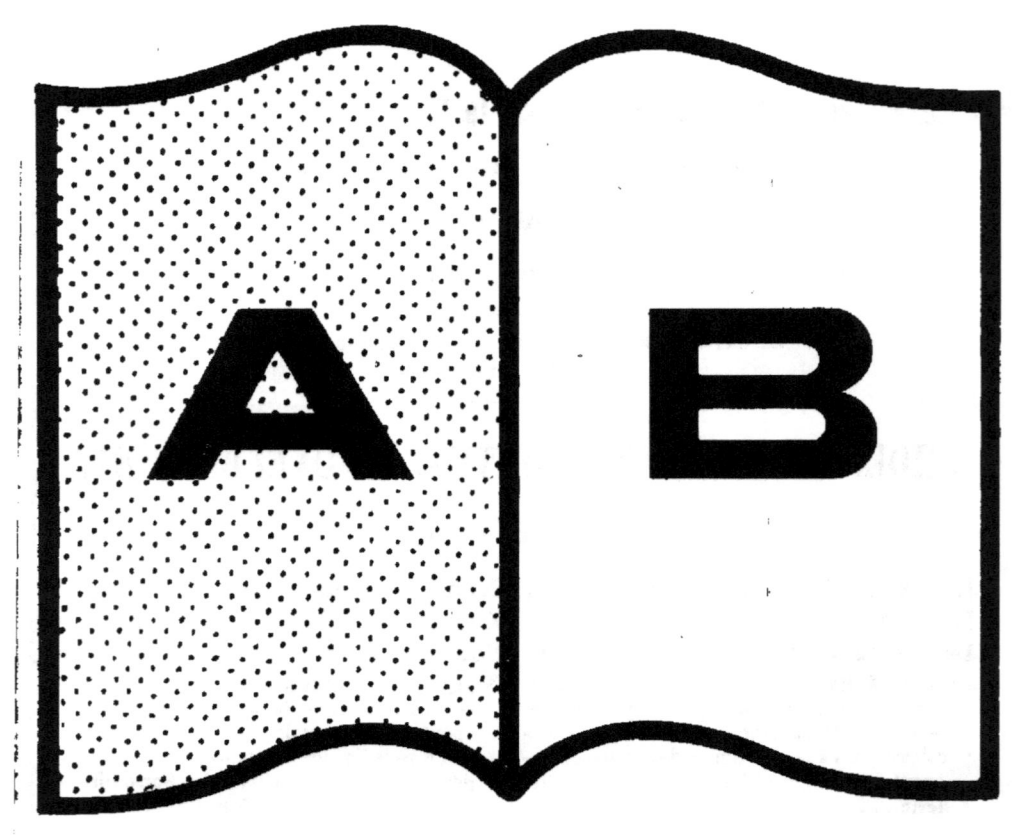

Contraste insuffisant

NF Z 43-120-14

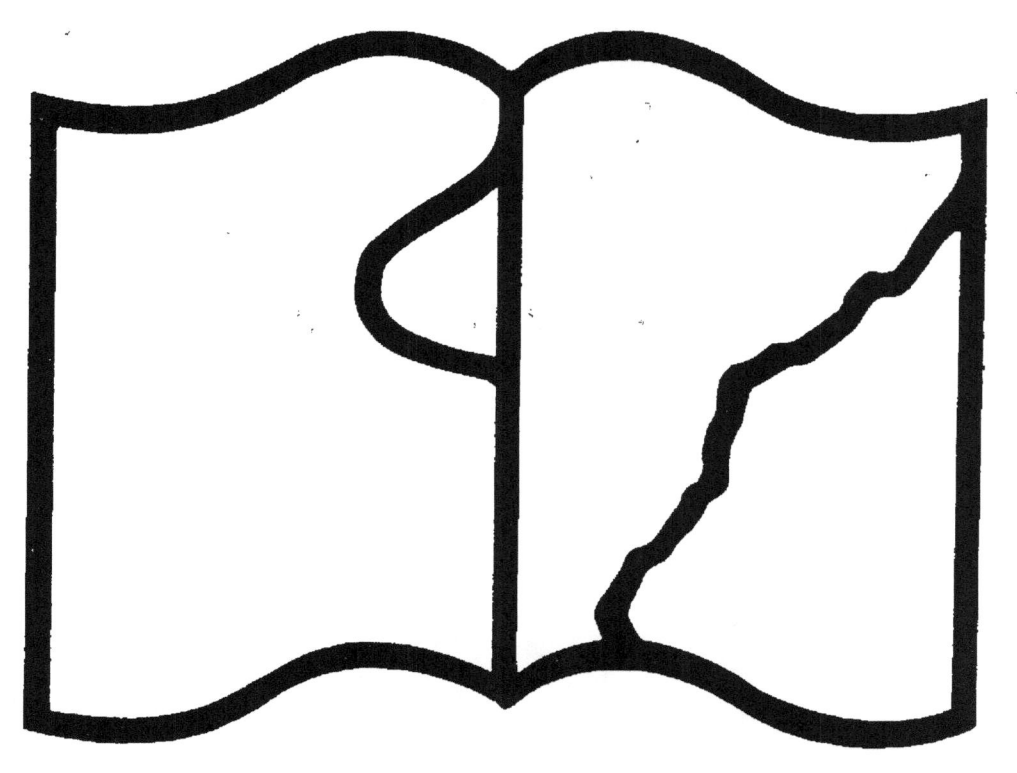

Texte détérioré — reliure défectueuse

NF Z 43-120-11

www.ingramcontent.com/pod-product-compliance
Lightning Source LLC
Chambersburg PA
CBHW070640170426
43200CB00010B/2083